Impressum
Verlag: BABADADA GmbH, Nedderfeld 112 , 22529 Hamburg
Geschäftsführer / Verlagsleitung: Harald Hof
Druck: Books on Demand GmbH, In de Tarpen 42, 22848 Norderstedt

Imprint
Publisher: BABADADA GmbH, Nedderfeld 112 , 22529 Hamburg, Germany
Managing Director / Publishing direction: Harald Hof
Print: Books on Demand GmbH, In de Tarpen 42, 22848 Norderstedt

sekolo

σχολείο

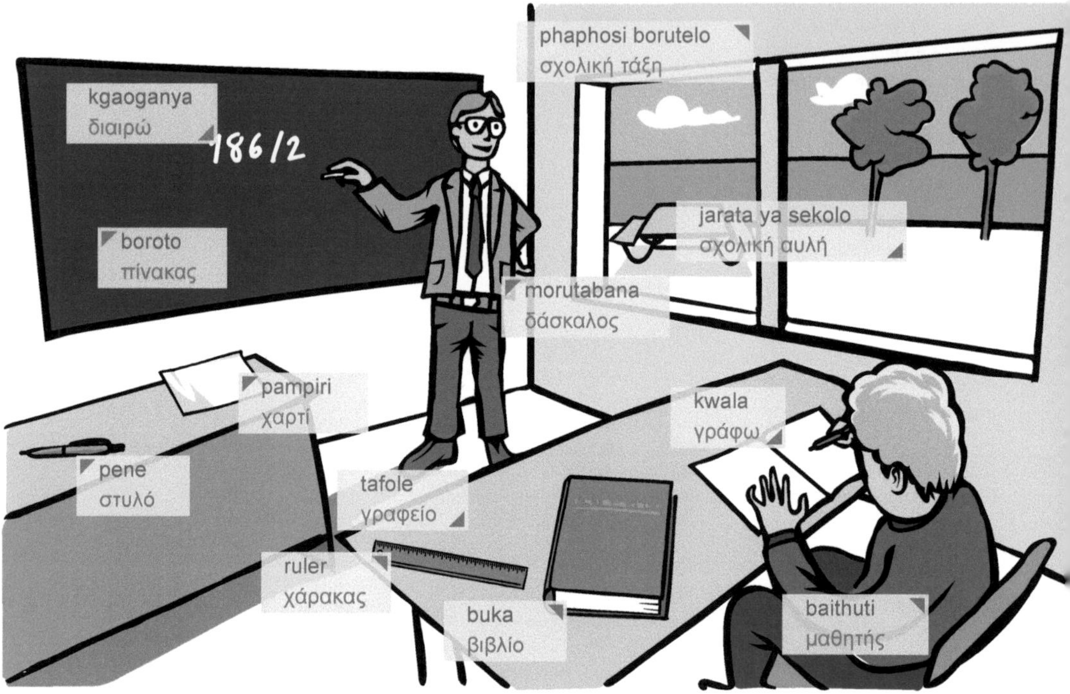

phaphosi borutelo
σχολική τάξη
kgaoganya
διαιρώ
186/2
boroto
πίνακας
jarata ya sekolo
σχολική αυλή
morutabana
δάσκαλος
pampiri
χαρτί
kwala
γράφω
pene
στυλό
tafole
γραφείο
ruler
χάρακας
buka
βιβλίο
baithuti
μαθητής

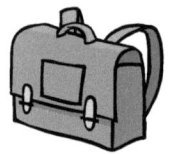

kgetsana ya dibuka

σχολική τσάντα

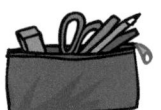

setsenya dipensele

κασετίνα/ μολυβοθήκη

pensele

μολύβι

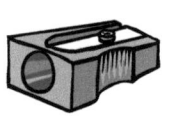

seseta pensele

ξύστρα

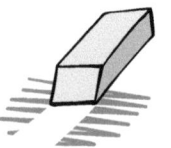

sephimola

γόμα

boto ya go torowa

μπλοκ ζωγραφικής

torowa

ζωγραφική

boratšhe jwa pente

πινέλο

bokose ya pente

κουτί χρωμάτων

dikere

ψαλίδι

sekgomaretsi

κόλλα

buka ya go kwalela

τετράδιο ασκήσεων

tirogae

εργασία για το σπίτι

12

palo

αριθμός

2+2

tlhakanya

προσθέτω

5-2

kgaoganya

αφαιρώ

2×2

atisa

πολλαπλασιάζω

khalkhuleitara

υπολογίζω

A

lekwalo

γράμμα

ABCDEFG HIJKLMN OPQRSTU VWXYZ

alfabete

αλφάβητο

hello

lefoko

λέξη

mafoko

κείμενο

bala

διαβάζω

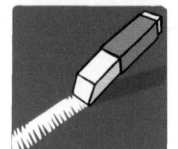

choko

κιμωλία

thuto

μάθημα

rejistara

εγγράφομαι

tlhatlhobo

τεστ

setifikeiti

πιστοποιητικό

diaparo tsa sekolo

μαθητική στολή

thuto

εκπαίδευση

encyclopedia

εγκυκλοπαίδεια

unibesithi

πανεπιστήμιο

mikoroskoupo

μικροσκόπιο

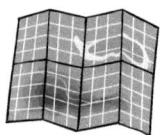

mmepe

χάρτης

moteme wa dipampiri

καλάθι αχρήστων

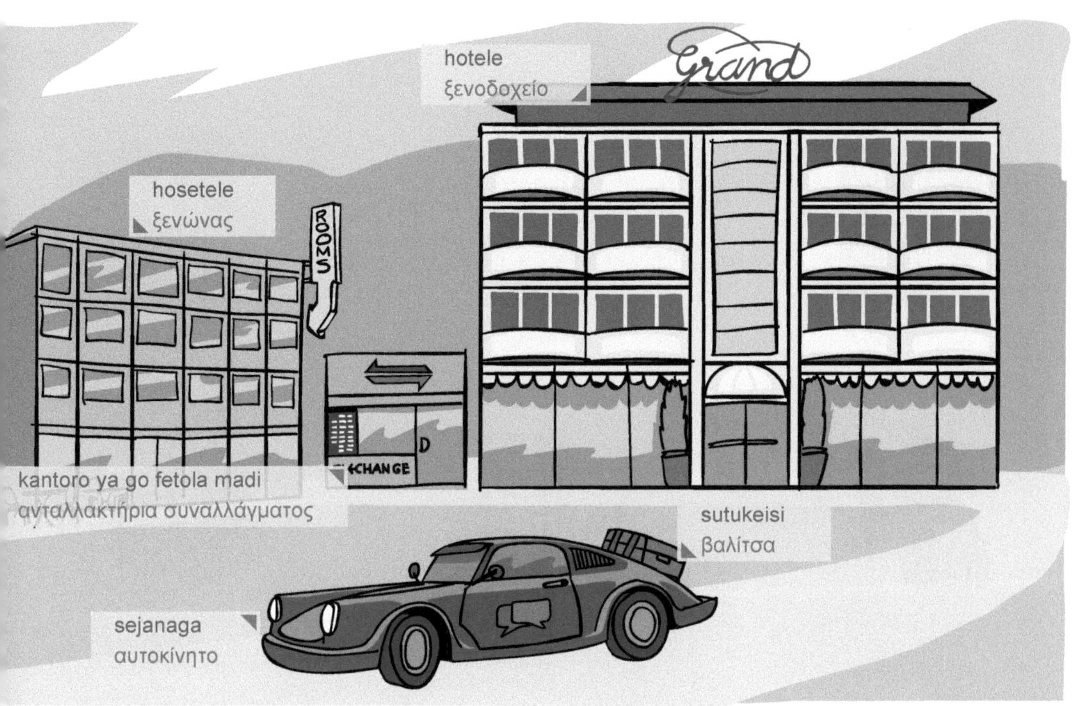

hotele
ξενοδοχείο
Grand
hosetele
ξενώνας
ROOMS
kantoro ya go fetola madi
ανταλλακτήρια συναλλάγματος
sutukeisi
βαλίτσα
sejanaga
αυτοκίνητο

puo

γλώσσα

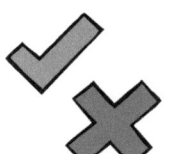

ee / nnyaa

ναι / όχι

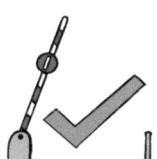

Go siame

εντάξει

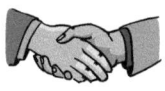

dumela

γεια σου

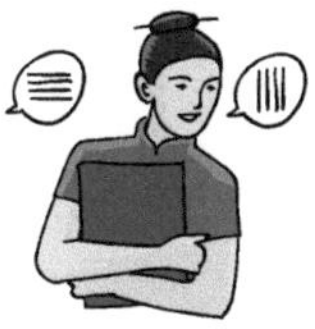

moranodi

μεταφραστής

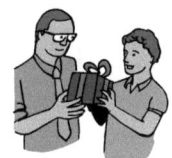

Ke a leboga

Ευχαριστώ

ke bokae...?

πόσο κάνει ;

ga ke tlhaloganye

Δε καταλαβαίνω

bothata

πρόβλημα

O itumelele bosigo!

Καλησπέρα!

Dumela!

Καλημέρα!

Robala Sentle!

Καληνύχτα!

tsamaya sentle

Αντίο

tsela

κατεύθυνση

dithoto

αποσκευές

kgetsi

τσάντα

kgetsi

σακίδιο πλάτης

moeng

καλεσμένος

phaposi

δωμάτιο

kgetsana ya go robalela

υπνόσακος

mogope

σκηνή

tshedimosetso ya mojanala

τουριστικές πληροφορίες

lewatle

παραλία

karata ya go tsaya sekoloto

πιστωτική κάρτα

sefitlholo

πρωινό

dijo tsa motshegare

μεσημεριανό

dijo tsa maitsiboa

δείπνο

tekete

εισιτήριο

lifiti

ανελκυστήρας

setempe

γραμματόσημο

bodara

σύνορα

dingwao

τελωνείο

embassy

πρεσβεία

visa

βίζα

lokwalo itshupo

διαβατήριο

sepalangwa

μεταφορά

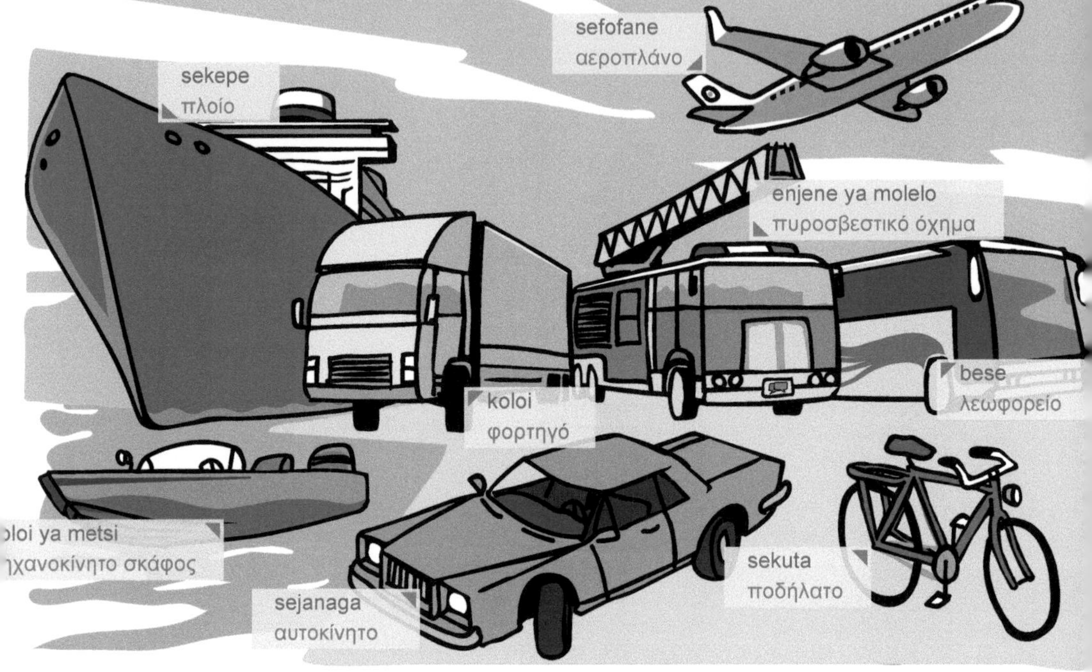

sefofane
αεροπλάνο
sekepe
πλοίο
enjene ya molelo
πυροσβεστικό όχημα
bese
λεωφορείο
koloi
φορτηγό
loi ya metsi
χανοκίνητο σκάφος
sekuta
ποδήλατο
sejanaga
αυτοκίνητο

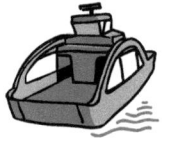

feri

φεριμπότ

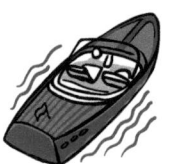

sekepe

βάρκα

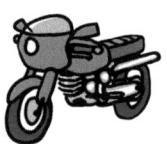

sethuthuthu

μοτοσικλέτα

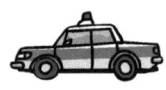

sejanaga sa mapodisa

περιπολικό

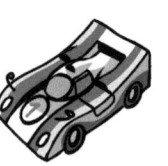

sejanaga sa lobelo

αγωνιστικό αυτοκίνητο

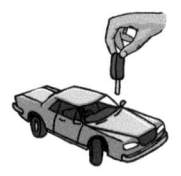

sejanaga se se hirilweng

ενοικιαζόμενο αυτοκίνητο

aroganya sejanaga

διαμοιρασμός αυτοκινήτων

koloi e e gogang dikoloi tse di robegileng

γερανός

koloi e e tsayang matlakala

απορριμματοφόρο

koloi

κινητήρας

lookwane

καύσιμο

seteišhene sa lookwane

βενζινάδικο

letshwao la pharakano

πινακίδα σήμανσης

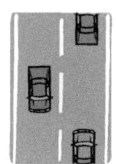

pharakano

κυκλοφορία

pharakano

κυκλοφοριακή συμφόρηση

lefelo la go emisa koloi

χώρος στάθμευσης

seteišhene sa terena

σιδηροδρομικός σταθμός

mela

σιδηροδρομικές γραμμές

terena

τρένο

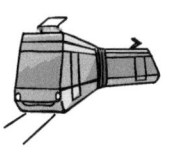

tereme

τραμ

kolotsana

βαγόνι

sefofane

ελικόπτερο

boemeladifofane

αεροδρόμιο

tora

πύργος

mopalami

επιβάτης

sekhafothini

εμπορευματοκιβώτιο

bokoso

χαρτοκιβώτιο

karaki

καρότσι

basekete

καλάθι

go tsamaya / go fitlha

απογειώνομαι /
προσγειόνομαι

toropo

πόλη

motse

χωριό

legare la teropo

κέντρο της πόλης

ntlo

σπίτι

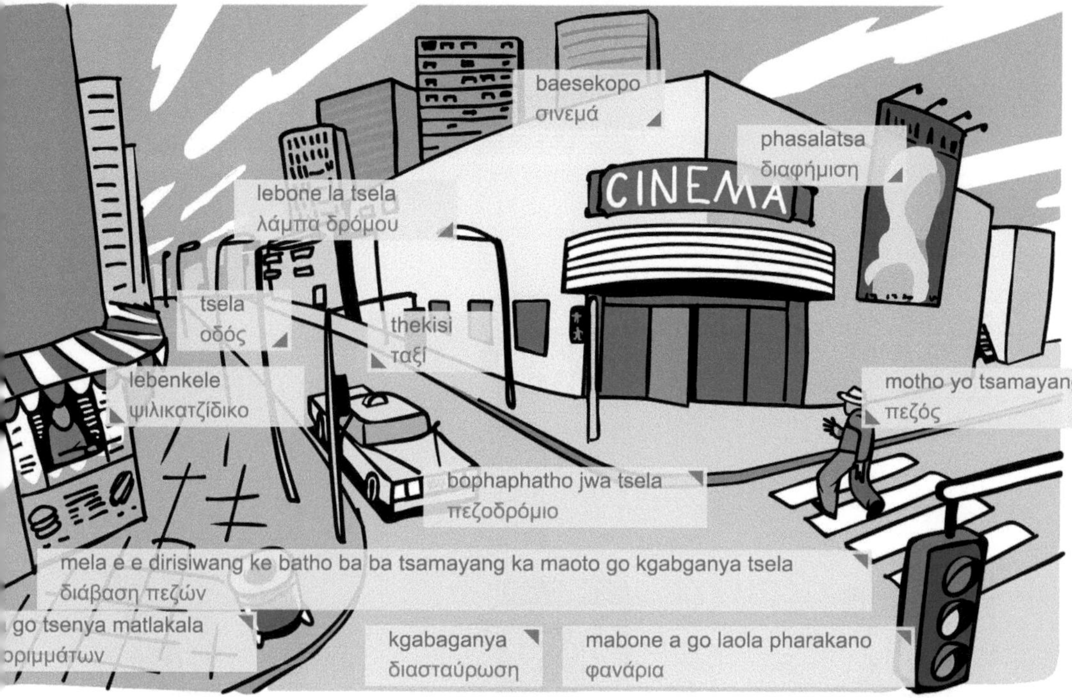
baesekopo
σινεμά
phasalatsa
διαφήμιση
CINEMA
lebone la tsela
λάμπα δρόμου
tsela
οδός
thekisi
ταξί
lebenkele
ψιλικατζίδικο
motho yo tsamayang
πεζός
bophaphatho jwa tsela
πεζοδρόμιο
mela e e dirisiwang ke batho ba ba tsamayang ka maoto go kgabganya tsela
διάβαση πεζών
go tsenya matlakala
ορριμμάτων
kgabaganya
διασταύρωση
mabone a go laola pharakano
φανάρια

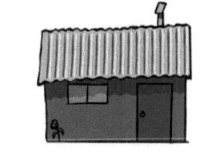

tlo e e ruletseng ka bojang

καλύβα

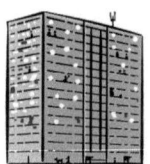

sephara

διαμέρισμα

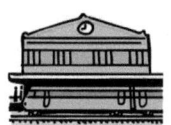

seteišhene sa terena

σιδηροδρομικός σταθμός

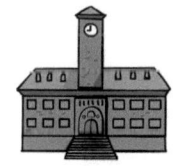

ntlolehalahala la toropo

δημαρχείο

MUSEUM

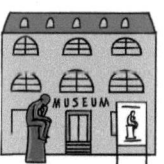

museamo

μουσείο

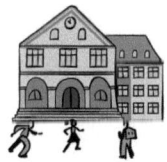

sekolo

σχολείο

unibesithi

πανεπιστήμιο

banka

τράπεζα

sepetlele

νοσοκομείο

hotele

ξενοδοχείο

lefelo la melemo

φαρμακείο

kantoro

γραφείο

lebenkele la dibuka

βιβλιοπωλείο

lebenkele

κατάστημα

batho ba ba rekisang malomo

ανθοπωλείο

lebenkele

σούπερ μάρκετ

maraka

αγορά

lebenkele la diaparo

πολυκατάστημα

fishmongers

ιχθυοπωλείο

moago wa mabenkele a a mantsi

εμπορικό κέντρο

boema dikepe

λιμάνι

serapa

πάρκο

banka

παγκάκι

borogo

γέφυρα

ditepisi

σκάλες

kwa tlase ga lefatshe

μετρό

kgogometso

τούνελ

boemela bese

στάση λεωφορείου

bara

μπαρ

lefelo la go jela

εστιατόριο

lebokose la pose

γραμματοκιβώτιο

letshwao la tsela

πινακίδα δρόμου

mitara wa go emisa koloi

παρκόμετρο

lefelo la go bonela diphologolo

ζωολογικός κήπος

letlodi la go thuma

πισίνα

tempele ya mamoselema

τζαμί

polase

αγρόκτημα

kgotlelelo

ρύπανση

mabitla

νεκροταφείο

kereke

εκκλησία

lefelo la go tshamekela

παιδική χαρά

temple

ναός

boago jwa lefelo
τοπίο

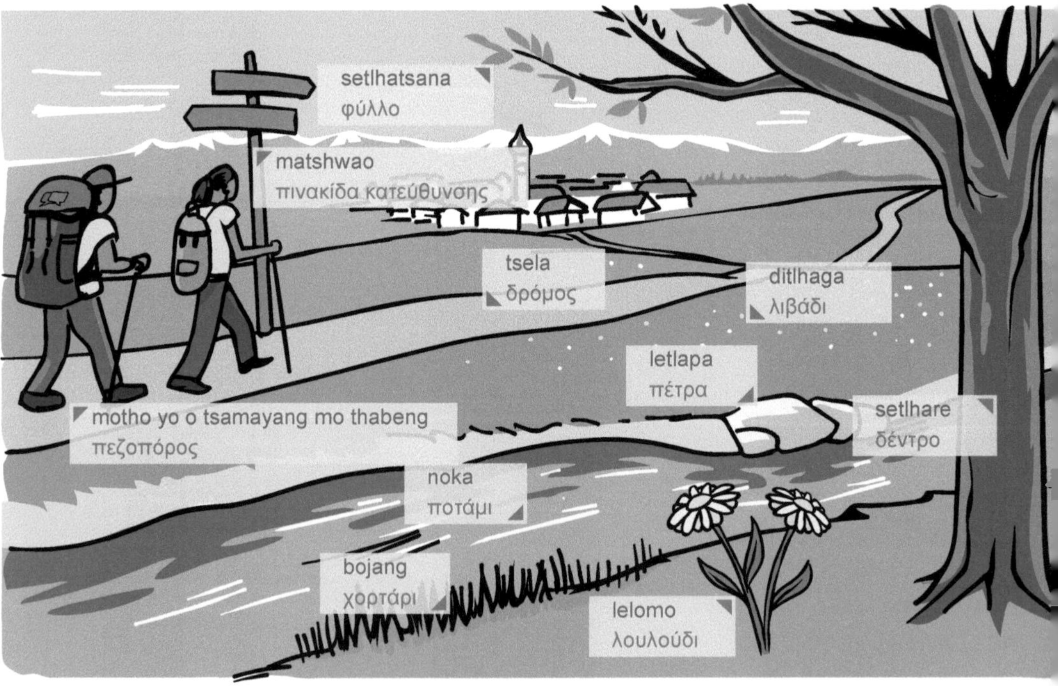

setlhatsana
φύλλο

matshwao
πινακίδα κατεύθυνσης

tsela
δρόμος

ditlhaga
λιβάδι

letlapa
πέτρα

setlhare
δέντρο

motho yo o tsamayang mo thabeng
πεζοπόρος

noka
ποτάμι

bojang
χορτάρι

lelomo
λουλούδι

mokgatša

κοιλάδα

thatshana

λόφος

lekadiba

λίμνη

sekgwa

δάσος

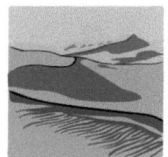

sekaka

έρημος

lekgwamolelo

ηφαίστειο

khasele

κάστρο

motshe wa badimo

ουράνιο τόξο

leboa

μανιτάρι

mokolana

φοίνικας

montsane

κουνούπι

tshenekegi

μύγα

tshoswane

μυρμήγκι

notshi

μέλισσα

segokgo

αράχνη

khukhwana

σκαθάρι

segwagwa

βάτραχος

mosha

σκίουρος

noko

σκαντζόχοιρος

mmutla

λαγός

morubisi

κουκουβάγια

nonyane

πουλί

pidipidi

κύκνος

dikolobe tsa naga

αγριογούρουνο

kgokong

ελάφι

moose

άλκη

letamo

φράγμα

sefetlhaphefo

ανεμογεννήτρια

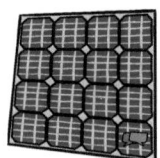

motlakase o o dirilweng ka letsatsi

ηλιακός συλλέκτης

loapi

κλίμα

lefelo la go jela

εστιατόριο

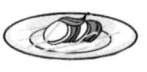

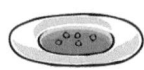

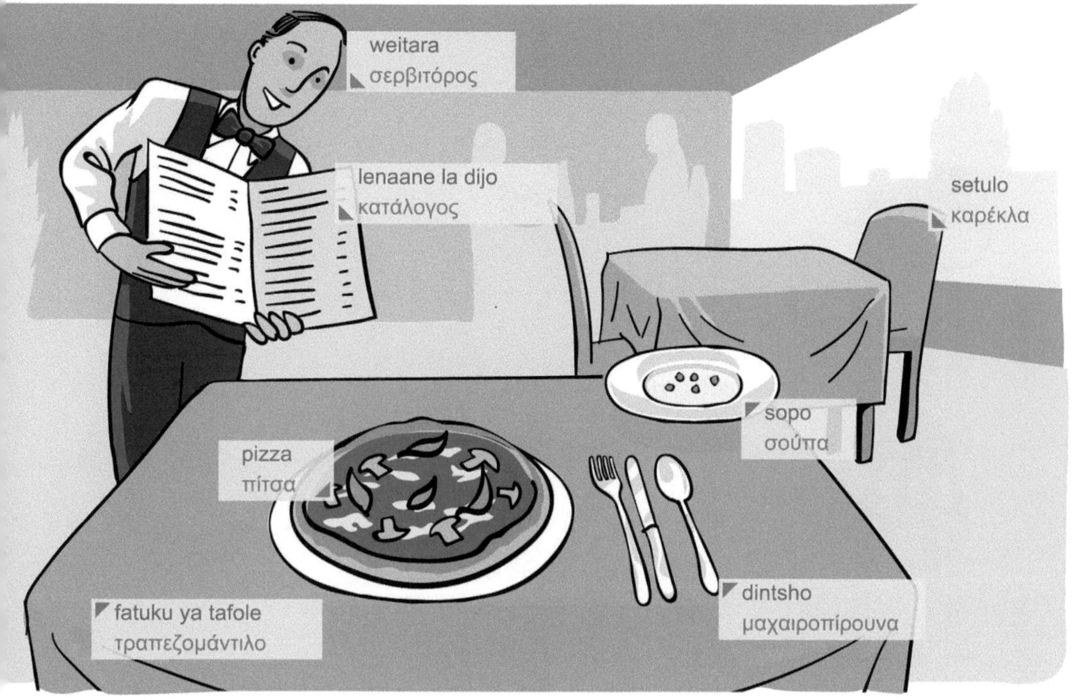

weitara
σερβιτόρος
lenaane la dijo
κατάλογος
setulo
καρέκλα
sopo
σούπα
pizza
πίτσα
dintsho
μαχαιροπίρουνα
fatuku ya tafole
τραπεζομάντιλο

sejo sa ntlha

ορεκτικό

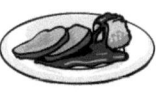

sejo sa bobedi

κύριο πιάτο

dijo tse di naleng sukiri

επιδόρπιο

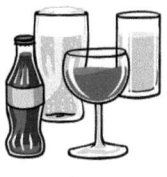

dino

ποτά

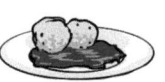

dijo

φαγητό

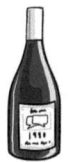

botlolo

μπουκάλι

dijo tsa mo strateng

φαστ φουντ

dijo tsa seterata

φαγητό στ' όρθιο

ketlele ya tee

τσαγιέρα

sejana sa go tsenya sukiri

δοχείο ζάχαρης

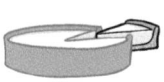

karolo

μερίδα

motšhini wa espresso

μηχανή εσπρέσο

setulo se se kwa godimo

ψηλή καρέκλα

tshupamolato

λογαριασμός

terei

δίσκος

thipa

μαχαίρι

forotlho

πιρούνι

liso

κουτάλι

leswana

κουταλάκι του τσαγιού

lesela la go iphimola

πετσέτα φαγητού

galase

ποτήρι

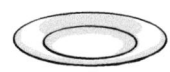

poleiti

πιάτο

poleiti ya sopo

πιάτο σούπας

sosara

πιατάκι φλιτζανιού

sopo

σάλτσα

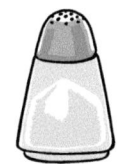

sejana sa letswai

αλατιέρα

sesila pepere

μύλος για πιπέρι

aseini

ξύδι

oli

λάδι

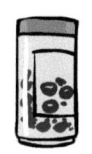

ditswaiso

μπαχαρικά

tamati souso

κέτσαπ

masetete

μουστάρδα

mayonaese

μαγιονέζα

lebenkele
σούπερ μάρκετ

sesolo se se kgethegileng
προσφορά
moreki
πελάτης
FOR
dilwana tsa mašwi
γαλακτοκομικά προϊόντα
leungo
φρούτα
teroli
καρότσι για ψώνια

BUTCHERS

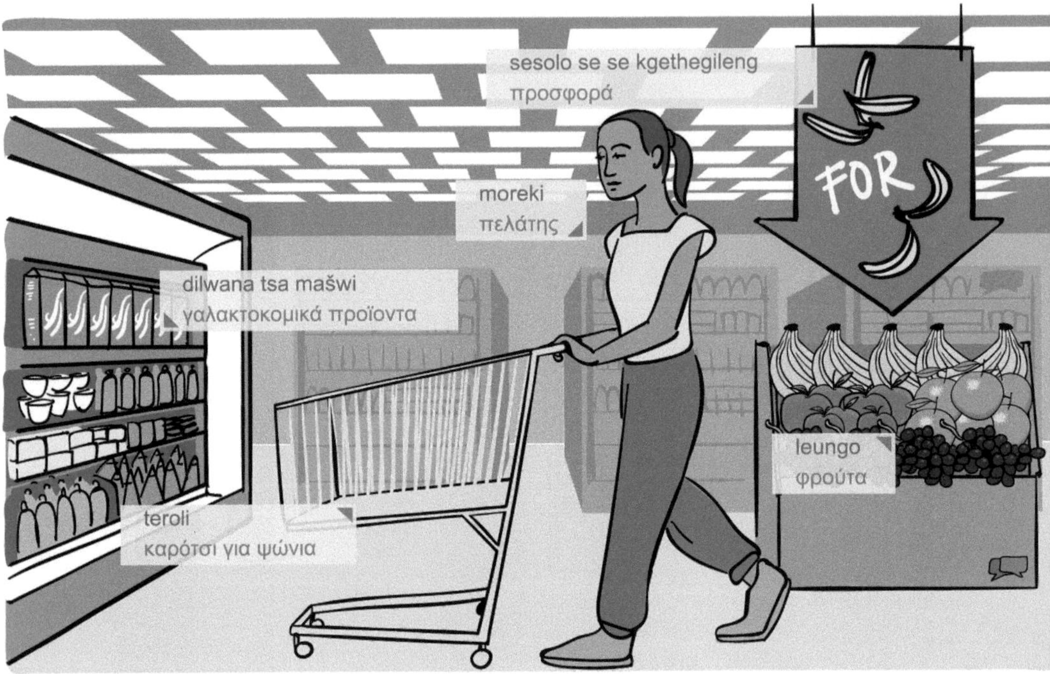

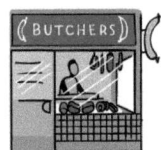

batho ba ba segang nama

κρεοπωλείο

BAKERY

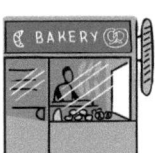

babaki

φούρνος

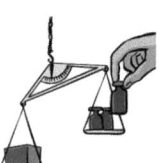

boima

ζυγίζω

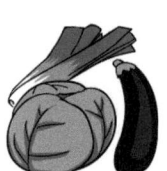

merogo

λαχανικά

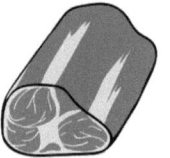

nama

κρέας

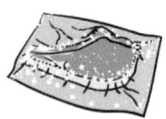

dijo tse di aesitsweng

κατεψυγμένα τρόφιμα

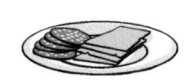

nama e e sa tlhokeng go apewa

αλλαντικά

dijo tsa thini

κονσερβοποιημένη τροφή

molora o o tlhatswang

απορρυπαντικό ρούχων

dimonamone

γλυκά

dilwana tsa ntlo

οικιακά είδη

dilwana tsa go phepafatsa

καθαριστικά προϊόντα

morekisi

πωλήτρια

motšhini wa madi

ταμείο

morekisi

ταμίας

lennane la go reka

λίστα για ψώνια

diura tsa go bula

ωράριο λειτουργίας

sepatšhe

πορτοφόλι

karata ya go tsaya sekoloto

πιστωτική κάρτα

kgetsi

τσάντα

kgetsi ya polasetiki

πλαστική σακούλα

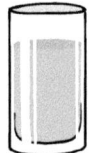

metsi

νερό

jusi

χυμός

mašwi

γάλα

khouku

κόκα κόλα

beine

κρασί

biri

μπίρα

bojalwa

αλκοόλ

khoukhou

κακάο

tee

τσάι

kofi

καφές

esepereso

εσπρέσο

cappuccino

καπουτσίνο

panana

μπανάνα

apole

μήλο

namune

πορτοκάλι

legapu

πεπόνι

surunamune

λεμόνι

segwete

καρότο

konofole

σκόρδο

lotlhaka lwa bampuse

μπαμπού

eie

κρεμμύδι

mabowa

μανιτάρι

manoko

ξηροί καρποί

di-noodles

νουντλς

sepagethi

μακαρόνια

raese

ρύζι

salate

σαλάτα

ditšhipisi

πατατάκια

ditapole tse di gadikilweng

τηγανητές πατάτες

pizza

πίτσα

hamburger

χάμπουργκερ

borotho jo bo tlapisitsweng

σάντουιτς

nama e e gadikilweng

κοτολέτα

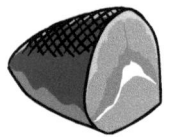

nama ya kolobe

ζαμπόν

salami

σαλάμι

boroso

λουκάνικο

koko

κοτόπουλο

gadika

ψητό

tlhapi

ψάρι

bogobe jwa outse

χυλός βρώμης

muesli

μούσλι

cornflakes

κορν φλέικς

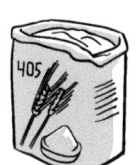

bupi

αλεύρι

croissante

κρουασάν

banse

ψωμάκι

borotho

ψωμί

borotho jo bo besitsweng

τοστ

bisikiti

μπισκότα

botoro

βούτυρο

tšhisi

τυρόπηγμα

kuku

κέικ

lee

αυγό

lee le le gadikilweng

τηγανητό αυγό

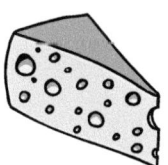

kase

τυρί

aesekirimi

παγωτό

sukiri

ζάχαρη

mamepe a dinotshe

μέλι

jeme

μαρμελάδα

chokolete e e tshasiwang

άλλειμμα σοκολάτας

khari

κάρυ

polase
αγρόκτημα

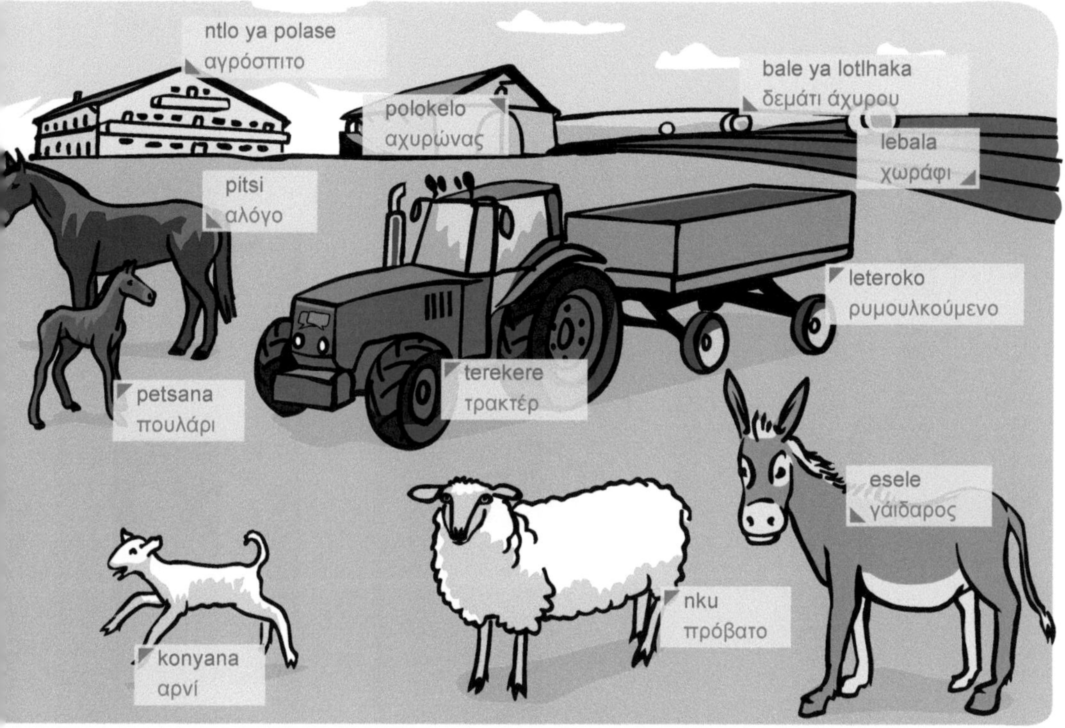
ntlo ya polase
αγρόσπιτο
polokelo
αχυρώνας
bale ya lotlhaka
δεμάτι άχυρου
lebala
χωράφι
pitsi
αλόγο
leteroko
ρυμουλκούμενο
petsana
πουλάρι
terekere
τρακτέρ
esele
γάιδαρος
nku
πρόβατο
konyana
αρνί

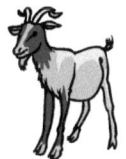

pudi

κατσίκα

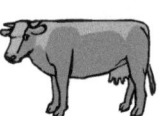

kgomo

αγελάδα

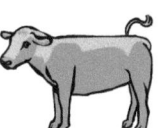

namane

μοσχαράκι

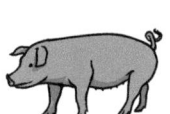

kolobe

γουρούνι

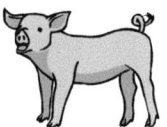

kolojane

γουρουνάκι

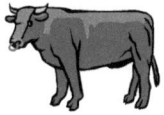

poo

ταύρος

ganse
χήνα

pidipidi
πάπια

kokwanyana
κοτοπουλάκι

mokoko
κότα

mokoko
κόκορας

peba
αρουραίος

katse
γάτα

peba
ποντίκι

kgomo
βόδι

ntša
σκύλος

ntlo ya ntša
σπιτάκι σκύλου

lethompo la tshingwana
λάστιχο κήπου

tanka ya go nosetsa
ποτιστήρι

disekele tsa tshipi
θεριστήρι

lema
αλέτρι

disekele

δρεπάνι

setlhagola

τσάπα

foroko ya go peta

δίκρανο

selepe

τσεκούρι

kiribae

χειράμαξα

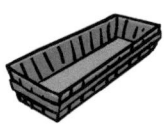

bonwelo

ταΐστρα

mašwi a a moteng ga moteme

δοχείο γάλακτος

kgetsana

σάκος

legora

φράχτης

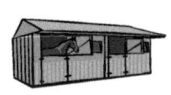

tsepame

στάβλος

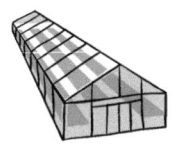

lefelo la go godisa dijalo

θερμοκήπιο

mmu

έδαφος

peo

σπόρος

menyoro

λίπασμα

thobo e e kopaneng

θεριζοαλωνιστική μηχανή

thobo

θερίζω

thobo

συγκομιδή

di-yam

γιαμς

korong

σιτάρι

soya

σόγια

tapole

πατάτα

korong

καλαμπόκι

disonobolomo

κράμβη

setlhare sa maungo

οπωροφόρο δέντρο

cassava

μανιόκα

dijo tsa phakela

δημητριακά

polase - αγρόκτημα

ntlo

σπίτι

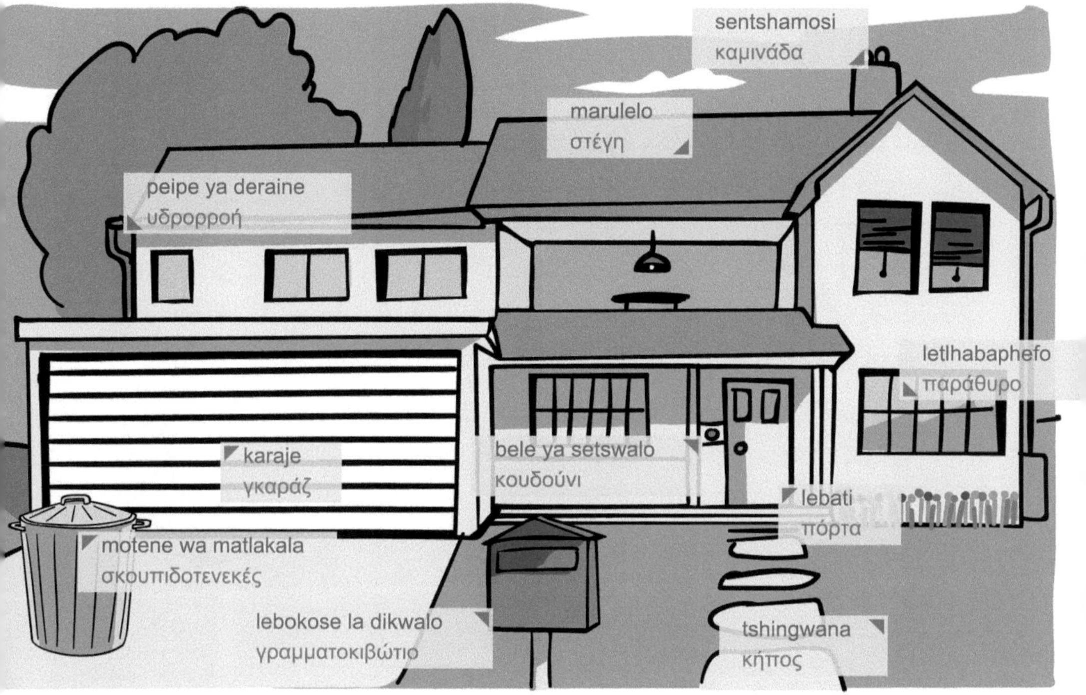

sentshamosi
καμινάδα
marulelo
στέγη
peipe ya deraine
υδρορροή
letlhabaphefo
παράθυρο
karaje
γκαράζ
bele ya setswalo
κουδούνι
lebati
πόρτα
motene wa matlakala
σκουπιδοτενεκές
lebokose la dikwalo
γραμματοκιβώτιο
tshingwana
κήπος

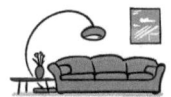

phaposi ya bodulo
σαλόνι

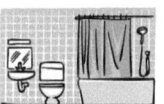

phaposi ya go tlhapela
μπάνιο

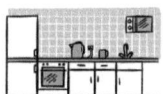

boapeelo
κουζίνα

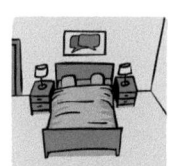

phaposi ya borobalo
υπνοδωμάτιο

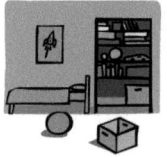

phaposi ya bana
παιδικό δωμάτιο

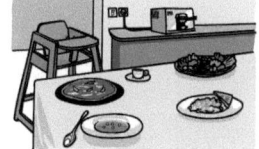

phaposi ya bojelo
τραπεζαρία

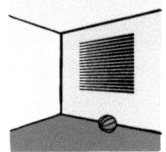

mo fatshe

πάτωμα

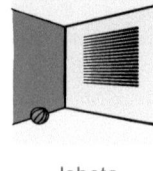

lebota

τοίχος

siling

οροφή

mabolokelo

κελάρι

se futhumatsa mmele

σάουνα

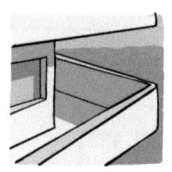

mokatako

μπαλκόνι

mokgekolosa

βεράντα

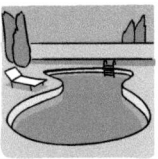

makadiba

πισίνα

sedirisiwa sa go sega
bojang

μηχανή του γκαζόν

lakane

σεντόνι

kobo

κάλυμμα κρεβατιού

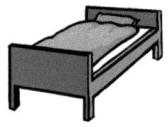

bolao

κρεβάτι

lefielo

σκούπα

kgamelo

κουβάς

switch

διακόπτης

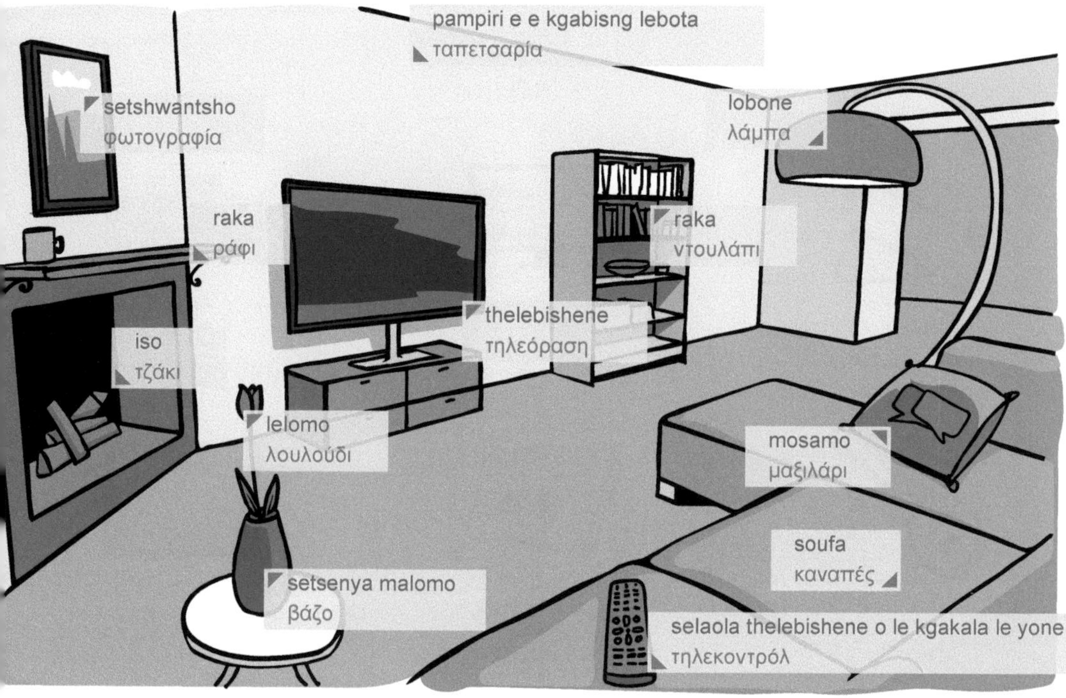

pampiri e e kgabisng lebota
ταπετσαρία

setshwantsho
φωτογραφία

lobone
λάμπα

raka
ράφι

raka
ντουλάπι

thelebishene
τηλεόραση

iso
τζάκι

lelomo
λουλούδι

mosamo
μαξιλάρι

soufa
καναπές

setsenya malomo
βάζο

selaola thelebishene o le kgakala le yone
τηλεκοντρόλ

mmetshe
χαλί

garetene
κουρτίνα

tafole
τραπέζι

setulo
καρέκλα

setulo se se binang
κουνιστή πολυθρόνα

setulo se se naleng boikego
πολυθρόνα

buka

βιβλίο

kobo

κουβέρτα

mokgabiso

διακόσμηση

dikgong tsa molelo

καυσόξυλα

filimi

ταινία

hi-fi ya go letsa

στερεοφωνικό σύστημα

selotlolo

κλειδί

lokwalodikgang

εφημερίδα

setshwantsho se se dirilweng ka pente

πίνακας ζωγραφικής

pampiri ya go phasalatsa

αφίσα

seyalemowa

ραδιόφωνο

buka ya dintla

σημειωματάριο

huvara

ηλεκτρική σκούπα

motoroko

κάκτος

kerese

κερί

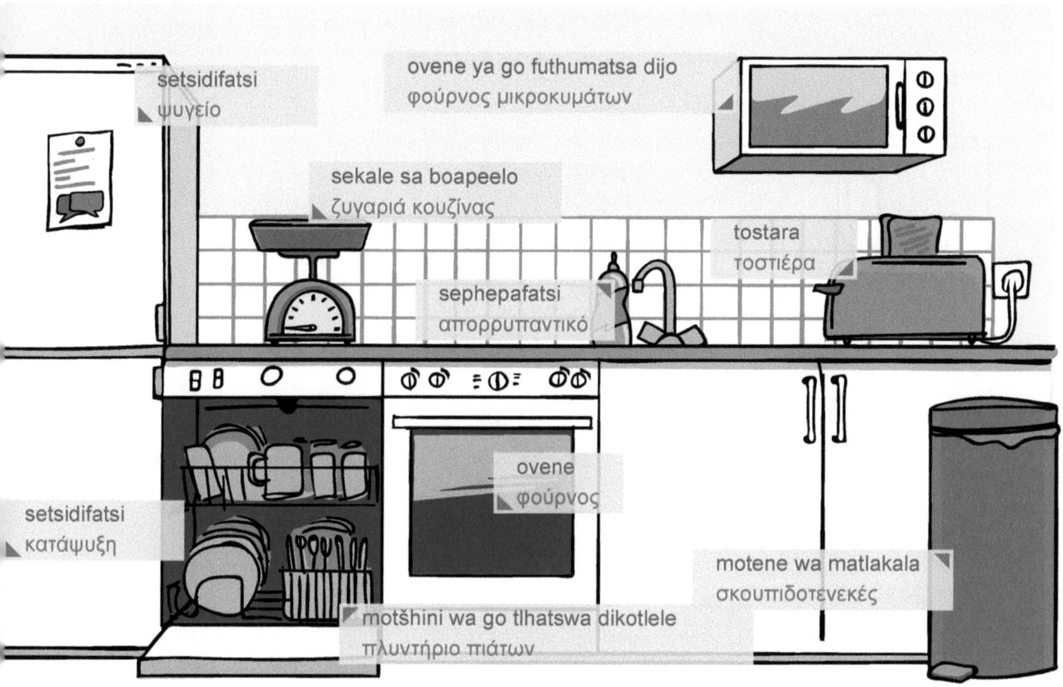

setsidifatsi
ψυγείο

ovene ya go futhumatsa dijo
φούρνος μικροκυμάτων

sekale sa boapeelo
ζυγαριά κουζίνας

tostara
τοστιέρα

sephepafatsi
απορρυπαντικό

ovene
φούρνος

setsidifatsi
κατάψυξη

motene wa matlakala
σκουπιδοτενεκές

motšhini wa go tlhatswa dikotlele
πλυντήριο πιάτων

moapei

κουζίνα

pitsa

κατσαρόλα

pitsa ya tshipi

μαντεμένια κατσαρόλα

wok / kadai

γουόκ/καντάι

pane

τηγάνι

ketlele

βραστήρας

sefuthumatsi

ατμομάγειρας

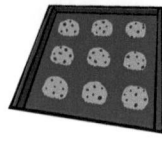

terei ya go baka

ταψί

dintsho

πιατικά

kopi

κούπα

sejana

μπολ

thobane ya go rema

ξυλάκια

thoka

κουτάλα

sepatšhula

σπάτουλα

wiskara

ανακατεύω

setereinara

σουρωτήρι

setlhotlhi

σουρωτηράκι

greitara

τρίφτης

kika

γουδί

nama ya kgomo

ψησταριά

molelo o o mopepeneneg

ανοιχτή φωτιά

boroto ya go segela

σανίδα κοπής

rolara

πλάστης

sebula dibotlolo tsa beine

ανοιχτήρι φελλών

moteme

κονσέρβα

sebula moteme

ανοιχτήρι κονσέρβας

setshwari sa pitsa

γάντι φούρνου

sinki

νεροχύτης

boratšhe

βούρτσα

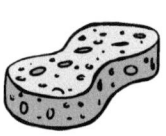

sepontšhe

σφουγγάρι

etlhakanya dijo / maungo

μπλέντερ

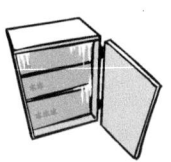

setsidifatsi

καταψύκτης

botlole ya ngwana

μπιμπερό

tepe

βρύση

phaposi ya go tlhapela

μπάνιο

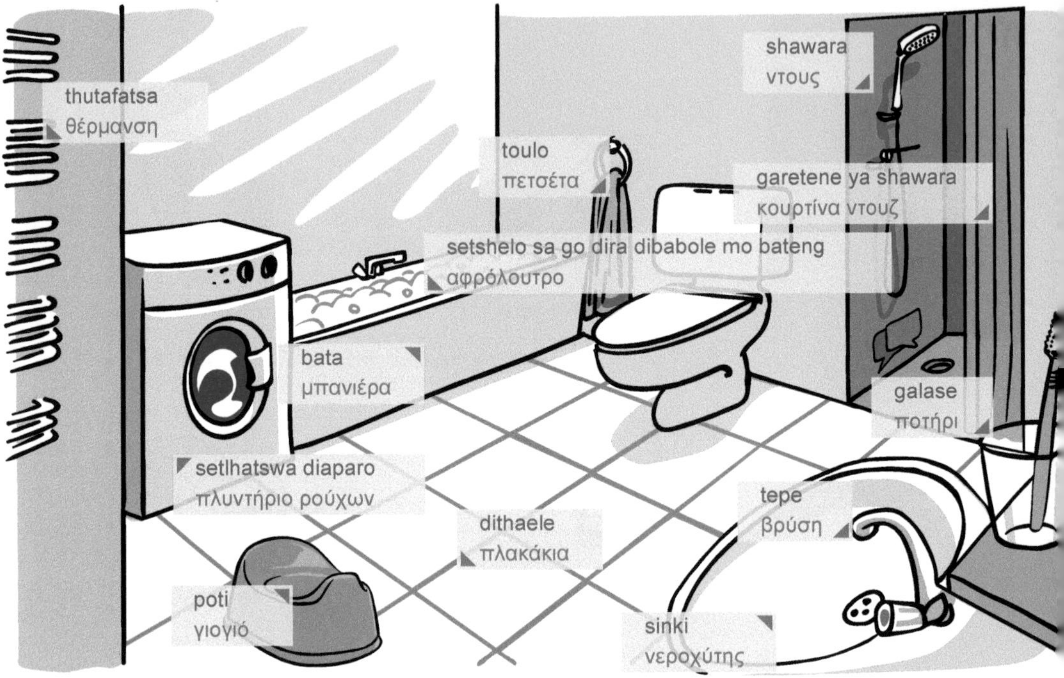

thutafatsa
θέρμανση
shawara
ντους
toulo
πετσέτα
garetene ya shawara
κουρτίνα ντους
setshelo sa go dira dibabole mo bateng
αφρόλουτρο
bata
μπανιέρα
galase
ποτήρι
setlhatswa diaparo
πλυντήριο ρούχων
tepe
βρύση
dithaele
πλακάκια
poti
γιογιό
sinki
νεροχύτης

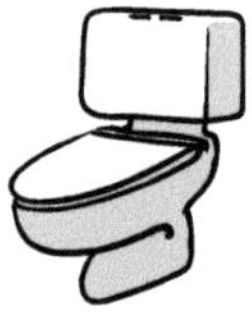

ntlwana
τουαλέτα

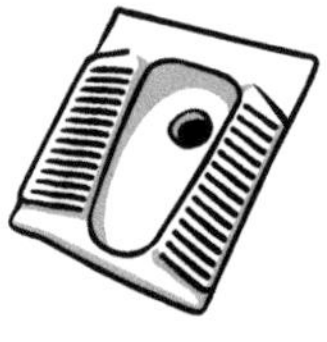

ntlwana ya go kotama
τούρκικη τουαλέτα

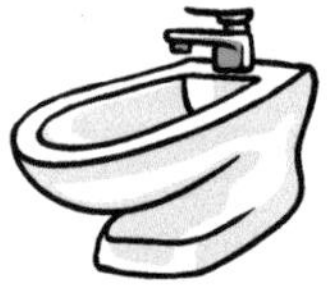

bidete
μπιντές

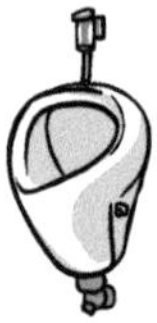

moroto
ουρητήριο

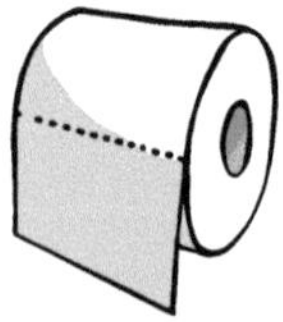

pampiri ya boithomelo
χαρτί υγείας

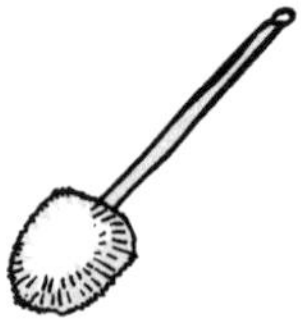

boratšhe jwa ntlwana
πιγκάλ

boratšhe jwa meno

οδοντόβουρτσα

sesepa sa meno

οδοντόκρεμα

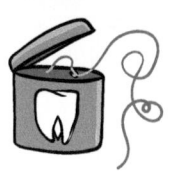

tlhale ya go phepafatsa meno

οδοντικό νήμα

tlhatswa

πλένω

shawara ya go itshwarela

τηλέφωνο ντους

senkgisa monate

ντουσιέρα

beisini

λεκάνη

boratšhe jwa mokwatla

βούρτσα πλάτης

sesepa

σαπούνι

jele ya shawara

αφρόλουτρο

setlhapisa moriri

σαμπουάν

folanele

φανέλα

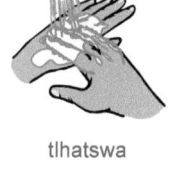

mosele

σιφόνι

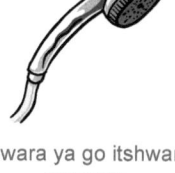

setlolo

κρέμα

senkgamonate

αποσμητικό

seipone

καθρέφτης

seipone sa go itshwarela

καθρέφτης χειρός

legare

ξυραφάκι

foumu ya go ntsha moriri

αφρός ξυρίσματος

foumu ya fa o fetsa go
ntsha moriri

αφτερσέιβ

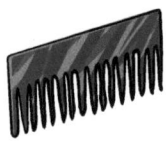

kama

χτένα

boratšhe

βούρτσα

seomisa moriri

σεσουάρ

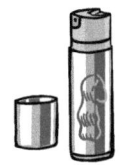

seporei sa moriri

λακ

seitlole sa sefatlhego

μακιγιάζ

setlolo sa molomo

κραγιόν

pente ya dinala

βερνίκι νυχιών

boboa

βαμβάκι

sekere sa dinala

ψαλίδι νυχιών

leokwane le le nkgang
monate

άρωμα

kgetsana ya go tlhatswa
νεσεσέρ

setulo
σκαμπό

sekale sa go lekanya
ζυγαριά

seaparo sa botlhapelo
μπουρνούζι

ditlelafo tsa rekere
ελαστικά γάντια

tempone
ταμπόν

edirisiwa sa basadi ba ba
mo kgweding
πετσέτα υγιεινής

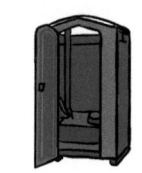

ntlwana ya khemikhale
χημική τουαλέτα

phaposi ya bana
παιδικό δωμάτιο

tshupanako ya alamo
ξυπνητήρι
mpopi wa go tlamparela
λούτρινο ζωάκι
koloi e e tshamekang
αυτοκινητάκι
setšhakgatšhakga
κουδουνίστρα
ntlo ya dipompi
κουκλόσπιτο
poresente
δώρο

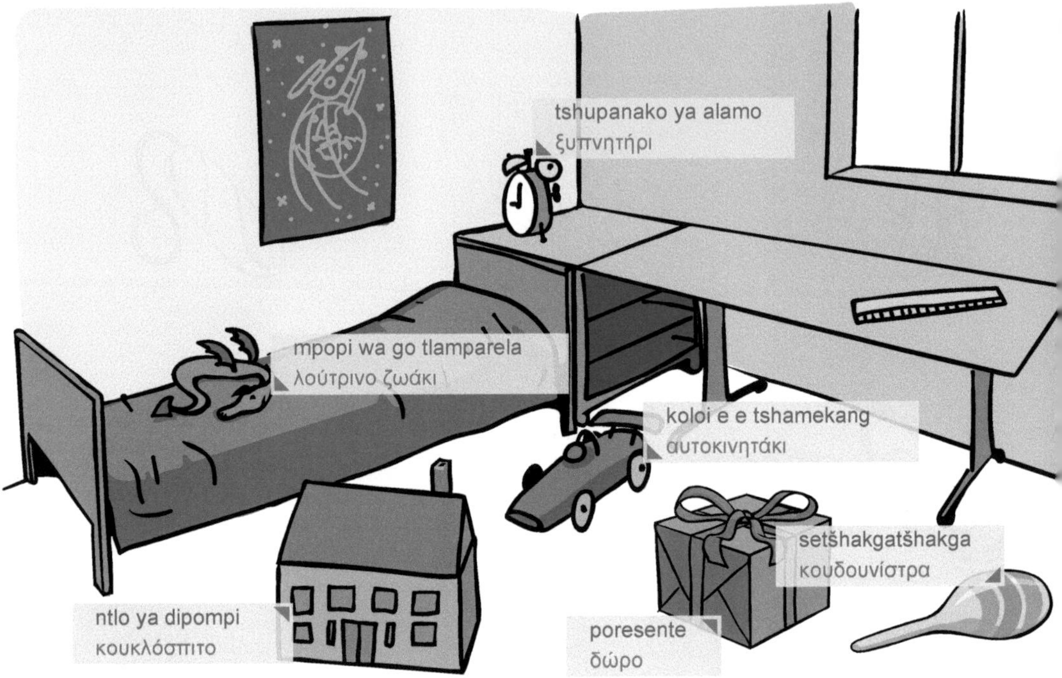

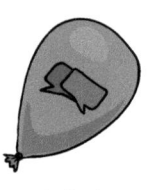

baluni
μπαλόνι

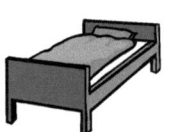

bolao
κρεβάτι

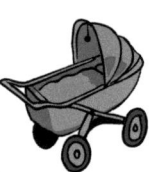

porema
καροτσάκι

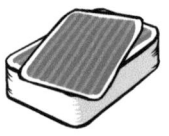

deck of cards
τράπουλα

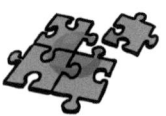

saga ya motlakase
παζλ

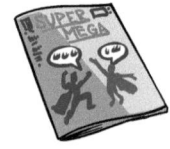

buka ya ditshegisi
κόμικς

matlapa a go tshameka

τουβλάκια lego

diboloko tse di tshamekang

τουβλάκια κατασκευών

setshwantsho sa motho

φιγούρα δράσης

seaparo sa lesea

βρεφικό φορμάκι

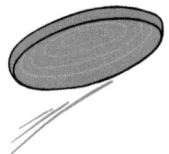

Frisbee

φρίσμπι

selo sa go letsa mmino mo ditsebeng

μόμπιλο

motshameko wa boroto

επιτραπέζιο παιχνίδι

daese

ζάρια

terena

σετ τρενάκι

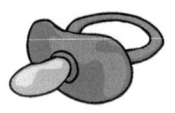

tami

πιπίλα

moletlo

πάρτι

buka ya ditshwantsho

εικονογραφημένο βιβλίο

bolo

μπάλα

mpopi

κούκλα

tshameka

παίζω

lebala le le naleng santa

σκάμμα με άμμο

moswinki

κούνια

ditshamekisi tsa bana

παιχνίδια

motshameko wa dibidio

κονσόλα βιντεοπαιχνιδιών

baesekele ya maotwana a a mararo

τρίκυκλο

bera e e diretsweng go tshamekisa bana

αρκουδάκι

raka ya go baya diaparo

ντουλάπα

seaparo

ρούχα

dikausu

κάλτσες

dikausu tsa basadi

καλτσοδέτες

dithaetse

καλσόν

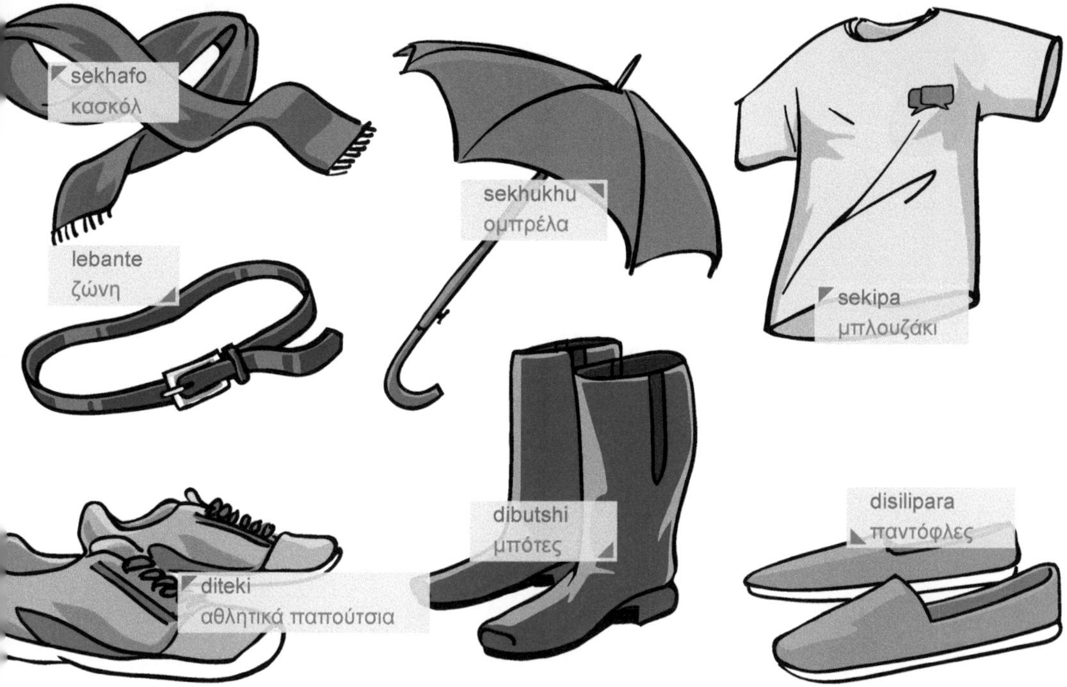

sekhafo
κασκόλ

lebante
ζώνη

sekhukhu
ομπρέλα

sekipa
μπλουζάκι

diteki
αθλητικά παπούτσια

dibutshi
μπότες

disilipara
παντόφλες

dimphatšhane
σανδάλια

ditlhako
παπούτσια

dibutshi tsa rekere
γαλότσες

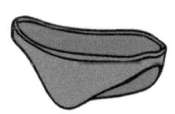

borukgwe jwa kwateng
εσώρουχο

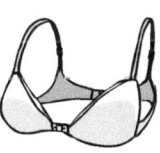

boraa
σουτιέν

besete
φανέλα

mmele

σώμα

borukgwe

παντελόνι

bokate

τζιν παντελόνι

sekete

φούστα

bolaose

μπλούζα

hempe

πουκάμισο

jeresi e e senang matsogo

πουλόβερ

jakete e e enaleng hutshe

πουλόβερ

boleisara

σακάκι

jakete

μπουφάν

jase

παλτό

jase ya pula

αδιάβροχο πανωφόρι

khosetjhumo

κοστούμι

mosese

φόρεμα

mosese wa lenyalo

νυφικό

sutu

κοστούμι

seaparo sa bosigo

νυχτικό

diaparo tsa go robala

πιτζάμες

sari

σάρι

sekhafa sa tlhogo

μαντήλι

turban

τουρμπάνι

burqa

μπούρκα

kaftan

καφτάνι

abaya

μουσουλμανικό ένδυμα

seaparo sa go thuma

ολόσωμο μαγιό

diteranka

ανδρικό μαγιό

borukgwe jo bo khutshwane

σορτς

terekesutu

αθλητική φόρμα

seaparo sa go phephafatsa

ποδιά

ditlelafo

γάντια

talama

κουμπί

diborele

γυαλιά

sebaga

βραχιόλι

sebaga sa mo thamong

περιδέραιο

palamonwana

δαχτυλίδι

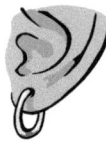

lengena

σκουλαρίκι

kepisi

καπέλο

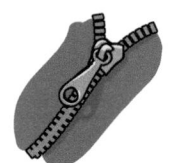

sepega baki

κρεμάστρα

hutshe

καπέλο

tae

γραβάτα

zepe

φερμουάρ

hutshe ya sethuthuthu

κράνος

ditrata tsa meno

τιράντες

diaparo tsa sekolo

μαθητική στολή

diaparo tsa mmereko /
diaparo tsa sekolo

στολή

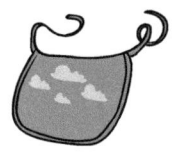

bebe

σαλιάρα

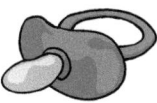

tami

πιπίλα

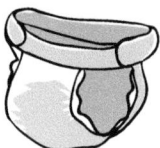

mongato

πάνα

kantoro

γραφείο

server
σέρβερ
lekase la difaele
αρχειοθήκη
segatisi
εκτυπωτής
pampiri
χαρτί
monithara
οθόνη
tafole
γραφείο
maose
ποντίκι
fouldara
ντοσιέ
khiboto
πληκτρολόγιο
moteme wa dipampiri
καλάθι αχρήστων
setulo
καρέκλα
khomputara
υπολογιστής

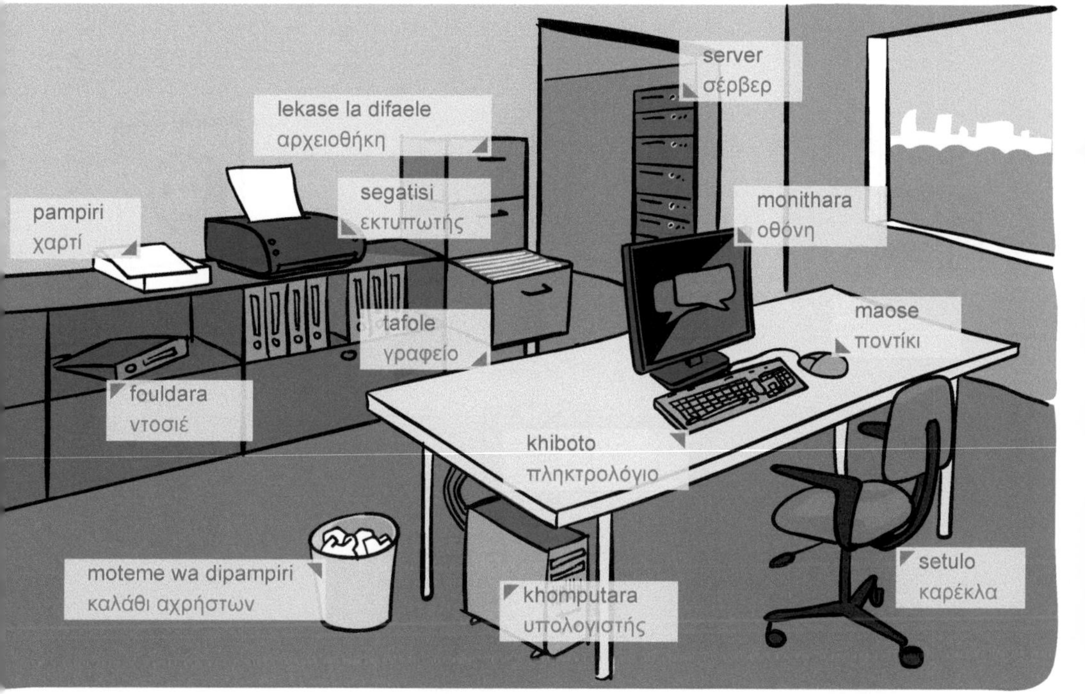

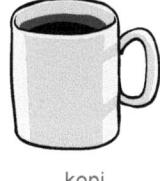

kopi

κούπα του καφέ

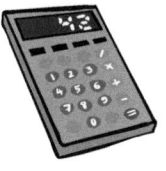

khalkhuleitara

κομπιουτεράκι

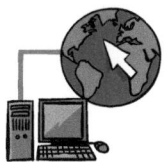

inthanete

ίντερνετ

lapothopo

λάπτοπ

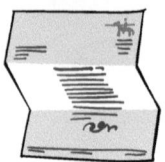

lekwalo

γράμμα

molaetsa

μήνυμα

mogala wa letheka

κινητό

kgolagano ya megala

δίκτυο

segatisa dipampiri

φωτοτυπικό μηχάνημα

software

λογισμικό

mogala

τηλέφωνο

sokete ya polaka

πρίζα

motšhini wa fekese

συσκευή φαξ

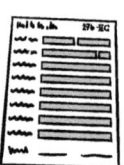

foromo

έντυπο

setlankana

έγγραφο

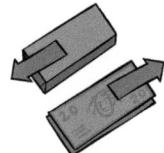

reka

αγοράζω

patela

πληρώνω

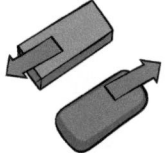

rekisa

συναλλάσσομαι

madi / tšhelete

χρήματα

dolara

δολάριο

euro

ευρώ

yen

γιεν

roubele

ρούβλι

swiss franc

ελβετικό φράγκο

renminbi yuan

ρενμίνμπι γιουάν

rupee

ρουπία

lefelo la madi

ATM (αυτόματη ταμειακή μηχανή)

kantoro ya go fetola madi

ανταλλακτήρια συναλλάγματος

gauta

χρυσός

selefera

ασήμι

oli

πετρέλαιο

maatla

ενέργεια

tlhwatlhwa

τιμή

konteraka

συμβόλαιο

lekgetho

φόρος

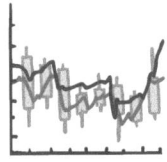

setoko

μετοχή

dira

δουλεύω

mothapiwa

υπάλληλος

mothapi

εργοδότης

bodirelo

εργοστάσιο

lebenkele

κατάστημα

maemo

επαγγέλματα

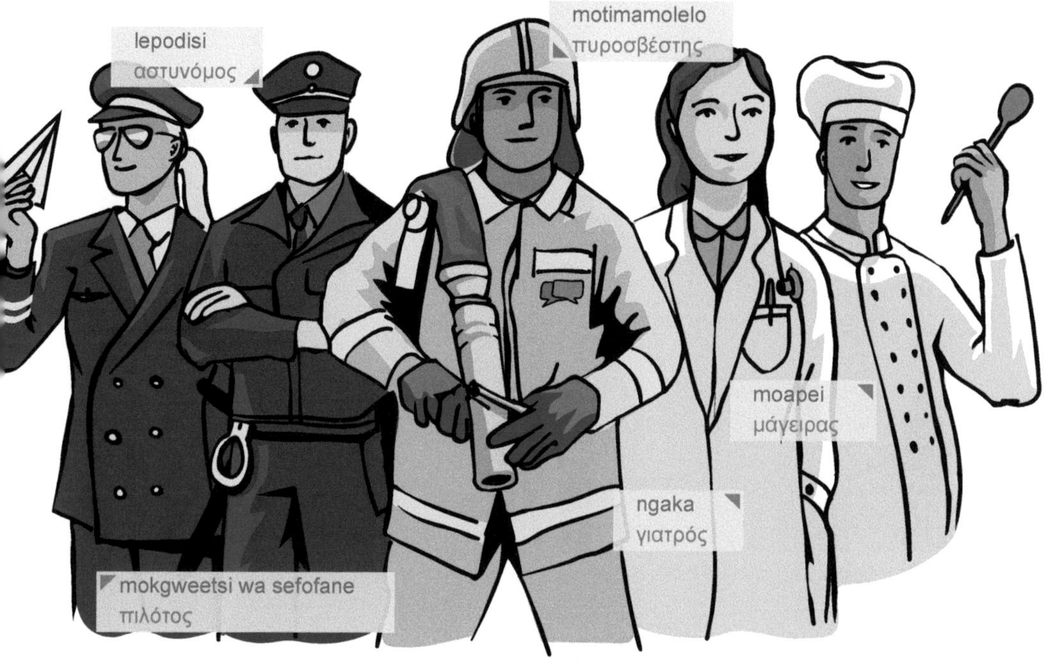

lepodisi
αστυνόμος
motimamolelo
πυροσβέστης
moapei
μάγειρας
ngaka
γιατρός
mokgweetsi wa sefofane
πιλότος

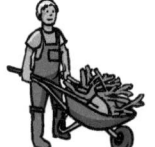

ratshingwana
....
κηπουρός

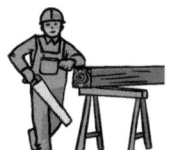

mmetli wa dikgong
....
ξυλουργός

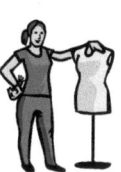

moroki
....
μοδίστρα

moatlhodi
....
δικαστής

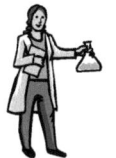

moitse wa melemo
....
χημικός

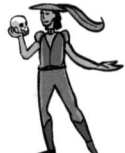

modiragatsi
....
ηθοποιός

mokgweetsi wa bese

οδηγός λεωφορείου

mokgweetsi wa tekisi

ταξιτζής

motshwari wa ditlhapi

ψαράς

Mme yo o phepafatsang

καθαρίστρια

moruledi

τεχνίτης στεγών

weitara

σερβιτόρος

motsumi

κυνηγός

motaki

ζωγράφος

mmesi wa senkgwe

αρτοποιός

ramotlakase

ηλεκτρολόγος

moagi

οικοδόμος

moenjenere

μηχανολόγος

mosegi wa nama

κρεοπώλης

motsenyi wa diphaepe tsa metsi

υδραυλικός

motsamaisa poso

ταχυδρόμος

leshole

στρατιώτης

modiri wa dipolane

αρχιτέκτονας

morekisi

ταμίας

morekisi wa malomo

ανθοπώλης

mokgabisamoriri

κομμωτής

kondactara

ελεγκτής εισιτηρίων

mokheneke

μηχανικός

mokapeteine

καπετάνιος

ngaka ya meno

οδοντίατρος

Rasaense

επιστήμονας

moruti

ραβίνος

imam

ιμάμης

moitlami

μοναχός

moruti

ιερέας

didiriswa

εργαλεία

hamore
σφυρί
tang
πένσα
sekurufu deraevara
κατσαβίδι
sepanere
Γαλλικό κλειδί
lobone
φακός

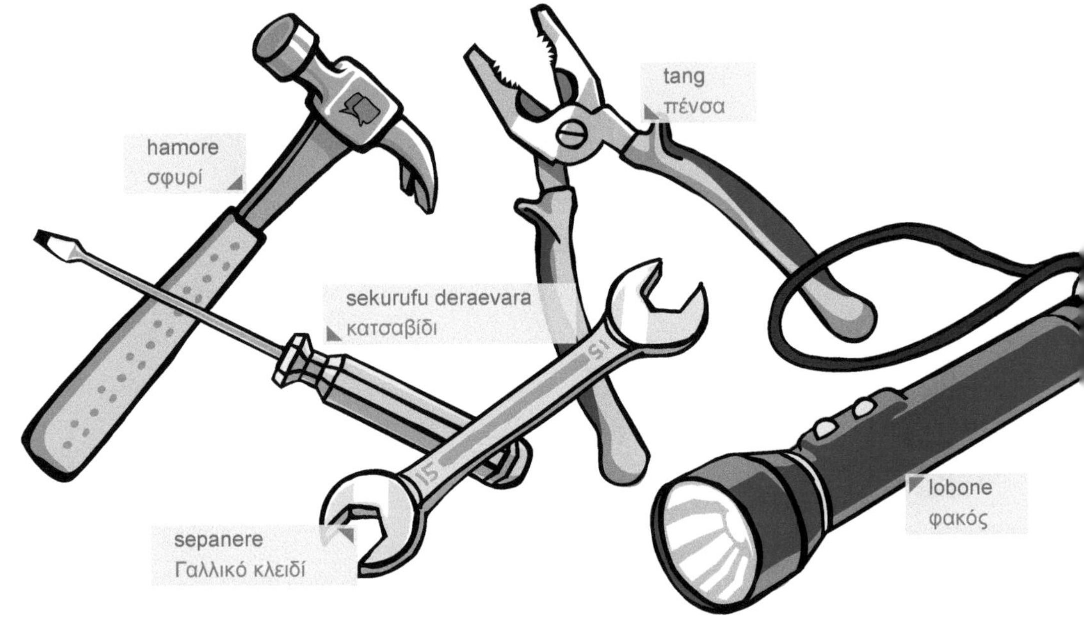

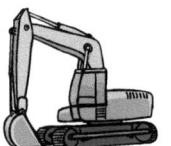

moepi

εκσκαφέας

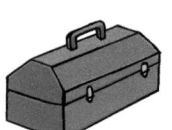

bokoso ya didirisiwa

εργαλειοθήκη

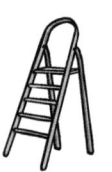

lere

σκάλα

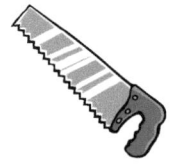

saga

πριόνι

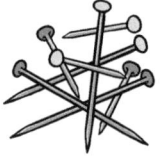

dipekere

καρφιά

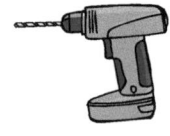

sebori

τρυπάνι

baakanya

επισκευάζω

garawe

φτυάρι

ijaa!

Να πάρει!

seolela matlakala

φαράσι

pitsa ya pente

δοχείο χρωμάτων

sekurufu

βίδες

didirisiwa tsa mmino

μουσικά όργανα

meropa
ντραμς

sepikara se se goelang ko godimo
μεγάφωνο

katara
κιθάρα

base e e gabedi
κοντραμπάσο

terompeta
τρομπέτα

piano

πιάνο

bayolini

βιολί

base

μπάσο

timpane

τύμπανα

meropa

τύμπανο

khiboto

πλήκτρα

sekesofone

σαξόφωνο

phala

φλάουτο

sebuela godimo

μικρόφωνο

lefelo la go bonela diphologolo

ζωολογικός κήπος

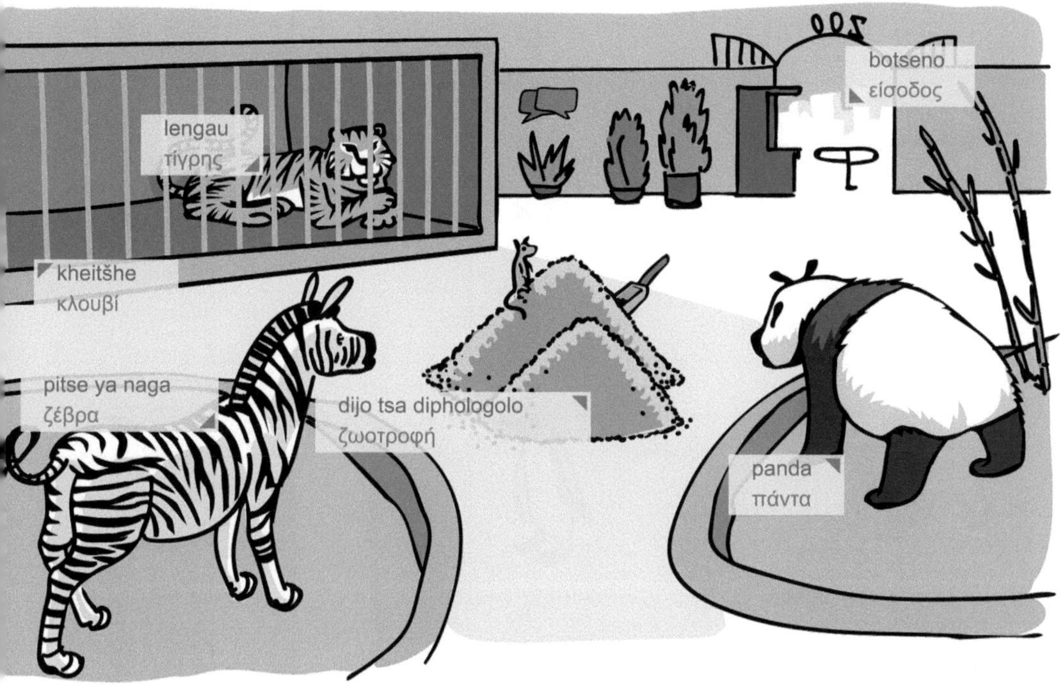

zoo
botseno
είσοδος
lengau
τίγρης
kheitšhe
κλουβί
pitse ya naga
ζέβρα
dijo tsa diphologolo
ζωοτροφή
panda
πάντα

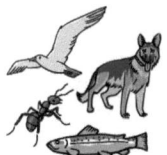

diphologolo

ζώα

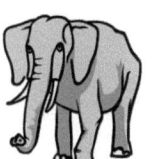

tlou

ελέφαντας

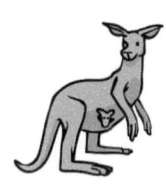

dikhankaruu

καγκουρό

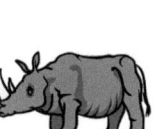

tshukudu

ρινόκερος

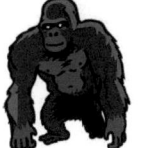

tshweni

γορίλας

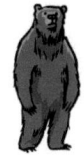

bera

αρκούδα

kamela

καμήλα

kalakune

στρουθοκάμηλος

tau

λιοντάρι

tshwene

πίθηκος

flamingo

φλαμίνγκο

papalagae

παπαγάλος

bera e e dulang ko lefelong
le le tsididi thata

πολική αρκούδα

nonyane tsa lewatle

πιγκουίνος

leruarua

καρχαρίας

phikoko

παγώνι

noga

φίδι

kwena

κροκόδειλος

motlhokomedi wa
diphologolo

φύλακας ζωολογικού κήπου

sili

φώκια

katse

τζάγκουαρ

petsana

πόνυ

lengau

λεοπάρδαλη

tshukudu

ιπποπόταμος

thutlwa

καμηλοπάρδαλη

ntsu

αετός

dikolobe tsa naga

αγριογούρουνο

tlhapi

ψάρι

khudu

χελώνα

walrus

θαλάσσιος ίππος

ntja ya naga

αλεπού

tshephe

γαζέλα

kgwele ya dinao ya Amerika
Αμερικάνικο ποδόσφαιρο

motshameko wa baesekele
ποδηλασία

tenese
αντισφαίριση

baseketebolo
μπάσκετ

thuma
κολύμβηση

motshameko wa go lwa ka diatla
πυγμαχία

hockey ya mo aeseng
χόκεϋ επί πάγου

kgwele ya dinao

ποδόσφαιρο

badminthone

μπάντμιντον

atletiki

στίβος

kgwele ya diatla

χάντμπολ

skiing

σκι

polo

πόλο

tshega
γελάω

tlola
πηδάω

tlamparela
αγκαλιάζω

tsamaya
περπατάω

opela
τραγουδάω

lora
ονειρεύομαι

rapela
προσεύχομαι

atla
φιλάω

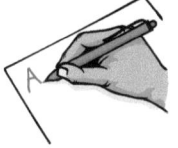

kwala

γράφω

torowa

σχεδιάζω

bontsha

δείχνω

kgorometsa

πιέζω

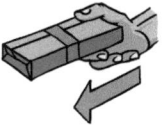

naya

δίνω

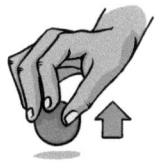

tsaya

παίρνω

go nna

έχω

dira

κάνω

nna

είμαι

ema

στέκομαι

taboga

τρέχω

goga

τραβάω

latlha

ρίχνω

wa

πέφτω

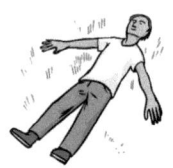

maaka

ξαπλώνω

ema

περιμένω

tsholetsa

κουβαλώ

dula

κάθομαι

apara

φοράω

robala

κοιμάμαι

tsoga

ξυπνάω

leba

κοιτάω

lela

κλαίω

thuma ka lemorago

χαϊδεύω

kama

χτενίζω

bua

μιλάω

tlhaloganya

καταλαβαίνω

botsa

ρωτάω

reetsa

ακούω

nwa

πίνω

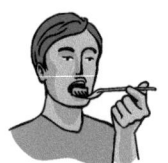

ja

τρώω

phepafatsa

συγυρίζω

lorato

αγαπάω

apaya

μαγειρεύω

kgweetsa

οδηγώ

fofa

πετάω

seila

κάνω ιστιοπλοΐα

khalkhuleitara

υπολογίζω

bala

διαβάζω

ithute

μαθαίνω

dira

δουλεύω

nyala

παντρεύομαι

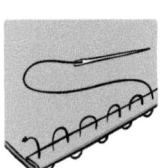

roka

ράβω

tlhapa meno

βουρτσίζω τα δόντια

bolaya

σκοτώνω

tsuba

καπνίζω

romela

στέλνω

mmemogolo
γιαγιά

rremogolo
παππούς

rre
πατέρας

mme
μητέρα

ngwana
μωρό

morwadi
κόρη

morwa
γιος

moeng

καλεσμένος

mmangwane

θεία

malome

θείος

abuti

αδελφός

ausi

αδελφή

mmele

σώμα

phatlha
μέτωπο
leitlho
μάτι
legetla
ώμος
monwana
δάχτυλο
sefatlhego
πρόσωπο
seledu
πιγούνι
seatla
χέρι
leoto
πόδι
letsele
στήθος
letsogo
βραχίονας

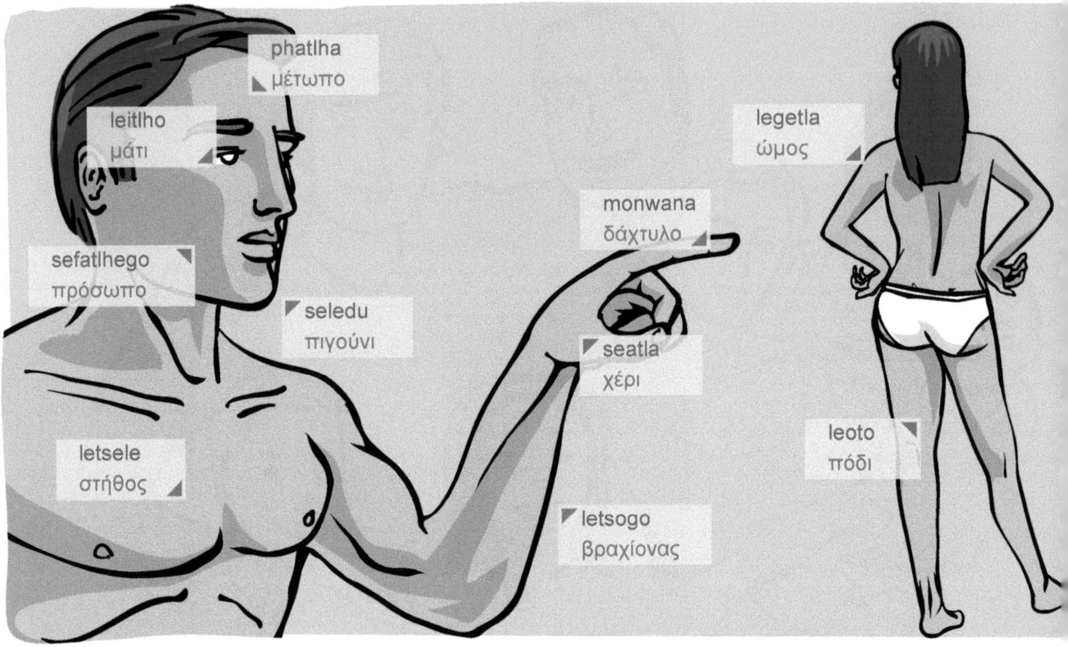

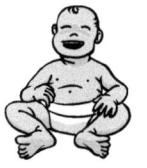

ngwana

μωρό

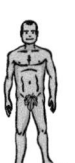

monna

άνδρας

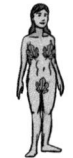

mosadi

γυναίκα

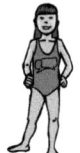

mosetsana

κορίτσι

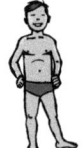

mosimane

αγόρι

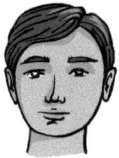

tlhogo

κεφάλι

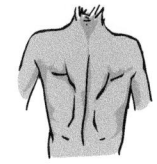

mokwatla

πλάτη

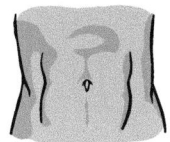

mpa

κοιλιά

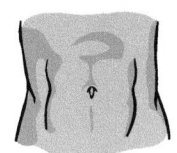

khubu

αφαλός

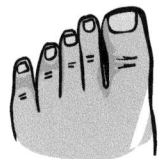

monwana

δάχτυλο ποδιού

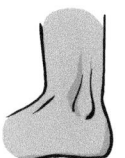

serethe

φτέρνα

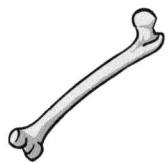

lerapo

κόκκαλο

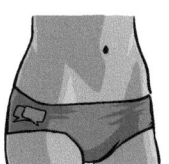

letheka

γοφός

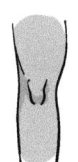

lengole

γόνατο

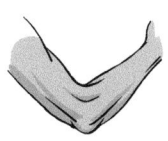

sekgono

αγκώνας

nko

μύτη

ko tlase

γλουτός

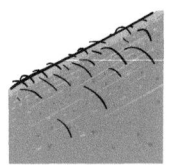

letlalo

δέρμα

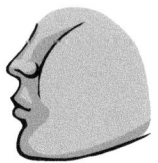

lerama

μάγουλο

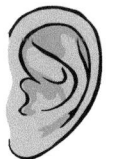

tsebe

αυτί

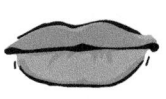

pounama

χείλος

molomo

στόμα

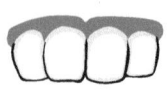

leino

δόντι

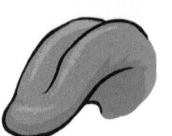

loleme

γλώσσα

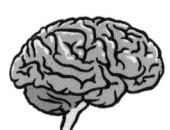

boboko

εγκέφαλος

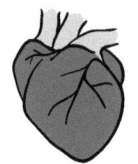

pelo

καρδιά

maatla

μυς

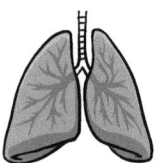

lekgwafo

πνεύμονας

sebete

συκώτι

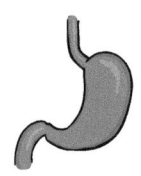

mala

στομάχι

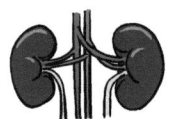

diphio

νεφρά

bong

σεξουαλική επαφή

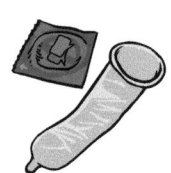

mosomelwana

προφυλακτικό

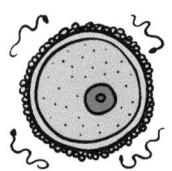

sebelegi sa ngwana

ωάριο

semen

σπέρμα

moimana

εγκυμοσύνη

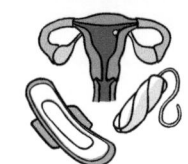

inako tsa go tla ka kgwedi
tsa basadi
....
περίοδος

serwe sa mosadi
....
γυναικείος κόλπος

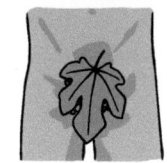

serwe sa monna
....
πέος

dintshi
....
φρύδι

moriri
....
μαλλιά

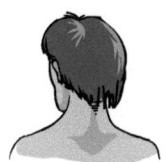

thamo
....
λαιμός

sepetlele
νοσοκομείο

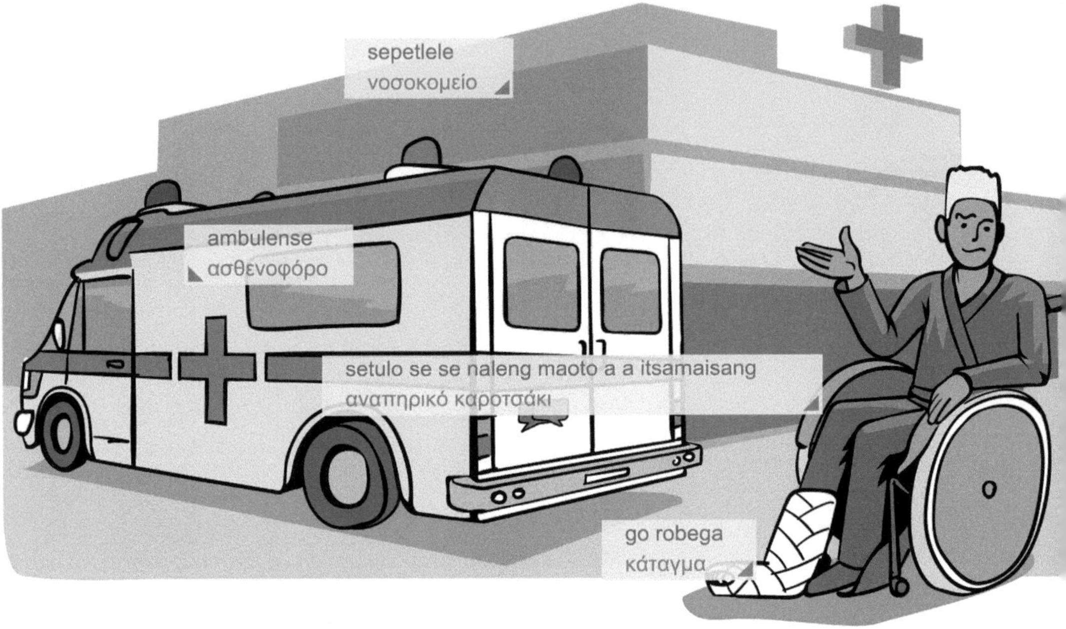

sepetlele
νοσοκομείο
ambulense
ασθενοφόρο
setulo se se naleng maoto a a itsamaisang
αναπηρικό καροτσάκι
go robega
κάταγμα

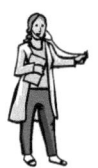

ngaka

γιατρός

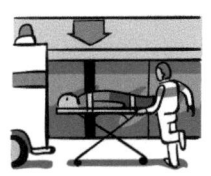

phaphosi ya tshoganyetso

μονάδα εντατικής θεραπείας

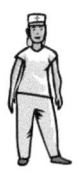

mooki

νοσοκόμα

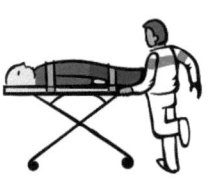

tshoganyetso

έκτακτη ανάγκη

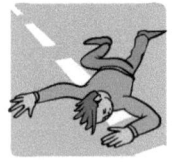

idibala

λιπόθυμος

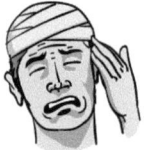

setlhabi

πόνος

kgobalo

τραύμα

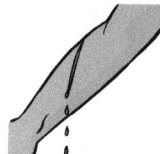

go dutla madi

αιμορραγία

tlhaselo ya pelo

έμφραγμα

setorouko

εγκεφαλικό

bolwetsi

αλλεργία

go gotlhola

βήχας

fulu

πυρετός

fulu

γρίπη

letshololo

διάρροια

opiwa ke tlhogo

πονοκέφαλος

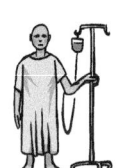

kankere

καρκίνος

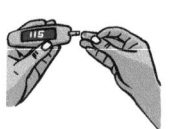

sukiri ya mmele

διαβήτης

moari

χειρουργός

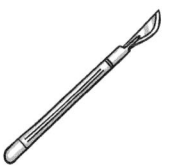

sekalepele

νυστέρι

karo

εγχείρηση

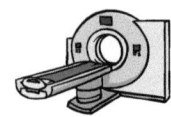

CT

αξονική τομογραφία

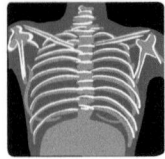

x-ray

ακτινογραφία

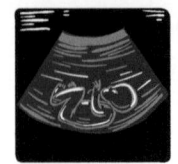

motšhini wa go leba mo mpeng

υπέρηχος

sesira sefatlhego

μάσκα

twatsi

ασθένεια

phaposi boletelo

αίθουσα αναμονής

dithobane

πατερίτσα

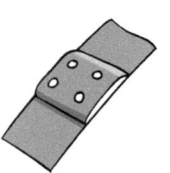

polasetara

χάνσαπλαστ

sefapho

επίδεσμος

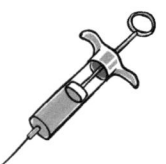

lemao

ένεση

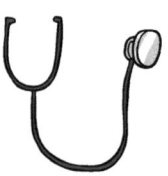

setetosekoupu

στηθοσκόπιο

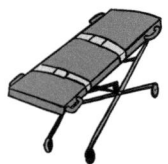

seteretšhara

φορείο

themometara ya bongaka

θερμόμετρο

pelegi

γέννηση

bokima jwa mmele

υπέρβαρο

sedirisiwa sa go thusa go utlwa

ακουστικό βαρηκοΐας

sesireletsa dintho

αντισηπτικό

tshwaetso

λοίμωξη

mogare

ιός

HIV / AIDS

HIV/AIDS

melemo

φάρμακο

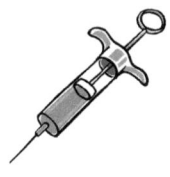

mokento

εμβολιασμός

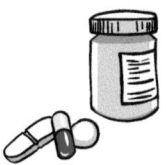

thabolete

δισκία

pilisi

χάπι

mogala wa tshoganyetso

κλήση έκτακτης ανάγκης

motšhini wa go ela tlhoko kgatelelo ya madi

πιεσόμετρο αίματος

lwala / itekanetse

άρρωστος / υγιής

Thusa!

Βοήθεια!

alamo

συναγερμός

tshotlako

βιαιοπραγία

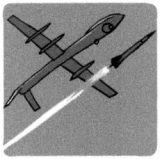

tlhasela

επίθεση

kotsi

κίνδυνος

kgoro ya tshoganyetso

έξοδος κινδύνου

Molelo!

Φωτιά!

setima moleleo

πυροσβεστήρας

kotsi

ατύχημα

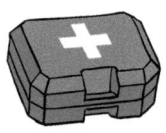

khiti ya go thusa ka
dikgobalo

κουτί πρώτων βοηθειών

SOS

SOS

lepodisi

αστυνομία

Yuropa

Ευρώπη

Bokone jwa Amerika

Βόρεια Αμερική

Borwa jwa Amerika

Νότια Αμερική

Aforika

Αφρική

Asia

Ασία

Australia

Αυστραλία

Atlantic

Ατλαντικός Ωκεανός

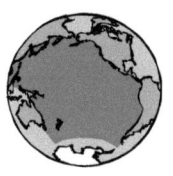

Pacific

Ειρηνικός Ωκεανός

Lewatle la India

Ινδικός Ωκεανός

Lewatle la Antarctic

Ανταρκτικός Ωκεανός

Lewatle la Arctic

Αρκτικός Ωκεανός

Bokone

Βόρειος Πόλος

Borwa

Νότιος Πόλος

Antartica

Ανταρκτική

Lefatshe

Γη

lefatshe

γη

lewatle

θάλασσα

losi lwa lewatle

νησί

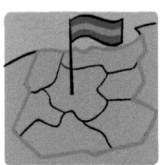

lotso

έθνος

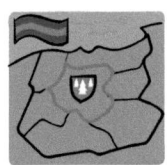

boemo

πολιτεία

lentle la tshupanako

καντράν ρολογιού

letsogo la ura

ωροδείκτης

letsogo la metsotso

λεπτοδείκτης

letsogo la metsotswana

δείκτης δευτερολέπτων

ke nako mang?

Τι ώρα είναι;

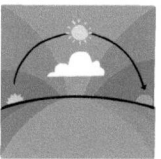

letsatsi

ημέρα

nako

χρόνος

go ne jaanong

τώρα

tshupanako ya dijithale

ψηφιακό ρολόι

metsotso

λεπτό

ura

ώρα

beke

εβδομάδα

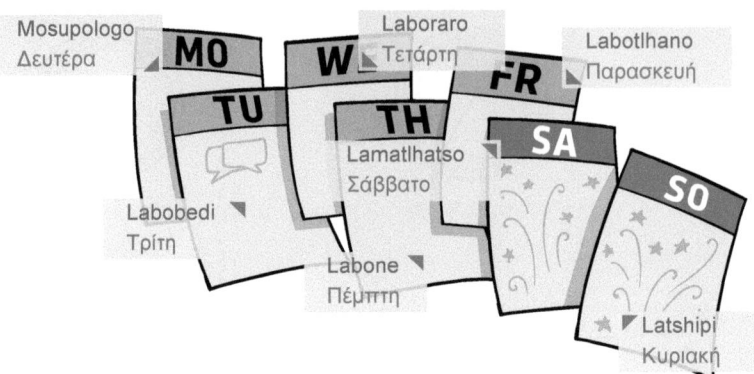

Mosupologo
Δευτέρα

Laboraro
Τετάρτη

Labotlhano
Παρασκευή

Labobedi
Τρίτη

Lamatlhatso
Σάββατο

Labone
Πέμπτη

Latshipi
Κυριακή

maabane

χθες

gompieno

σήμερα

kamoso

αύριο

moso

πρωί

thapama

μεσημέρι

maitseboa

βράδυ

malatsi a tiro

εργάσιμες ημέρες

mafelo a beke

Σαββατοκύριακο

ngwaga
έτος

pula
βροχή
motshe wa badimo
ουράνιο τόξο
letlhwa
χιόνι
phefo
άνεμος
dikgakologo
άνοιξη
letlhafula
φθινόπωρο
selemo
καλοκαίρι
mariga
χειμώνας

4.APRIL 11°
5.APRIL 4°
6.APRIL 13°
7.APRIL 8°
8.APRIL 10°

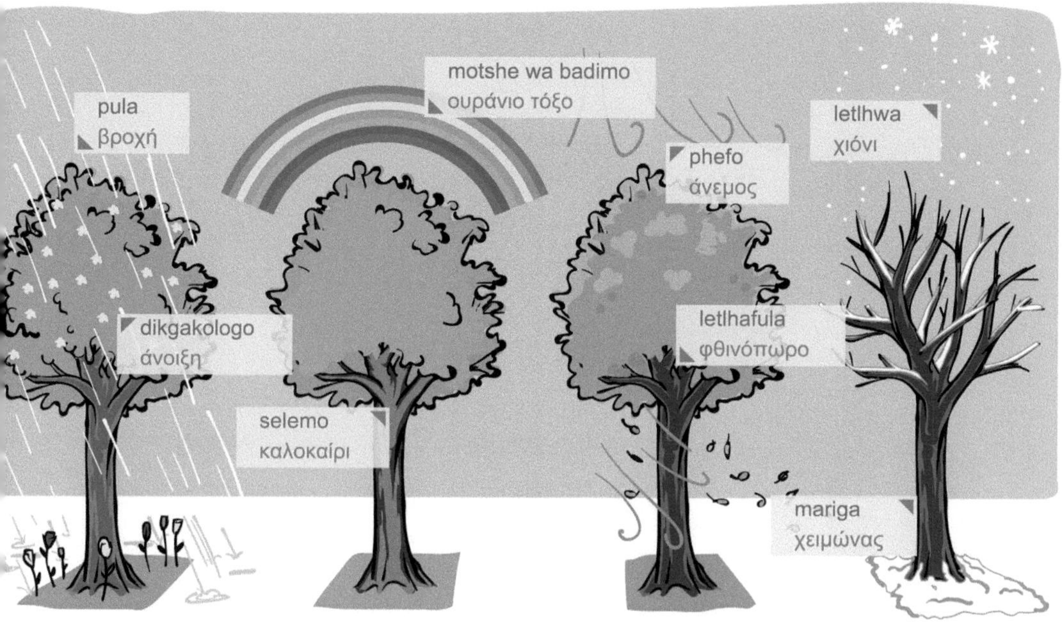

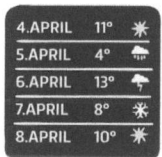

botsogo jwa loapi

πρόγνωση καιρού

F
C
120
90
60
30
0
-30
40
30
20
10
0
-10
-20

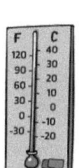

themomithara

θερμόμετρο

letsatsi

λιακάδα

leru

σύννεφο

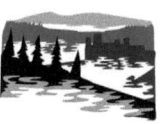

mouwane

ομίχλη

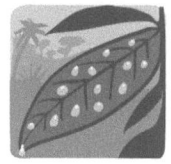

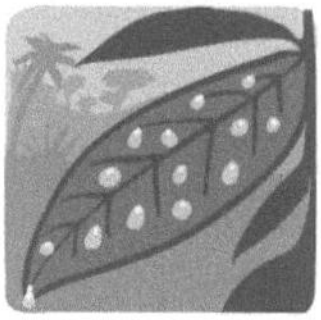

humidity

υγρασία

legadima

αστραπή

modumo wa maru

κεραυνός

matsubutsubu

καταιγίδα

sefako

χαλάζι

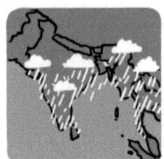

monsoon

μουσώνας

morwalela

πλημμύρα

aese

πάγος

Ferikgong

Ιανουάριος

Tlhakole

Φεβρουάριος

Mopitlwe

Μάρτιος

Moranang

Απρίλιος

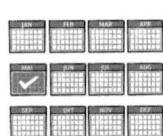

Motsheganong

Μάιος

Seetebosigo

Ιούνιος

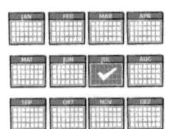

Phukwi

Ιούλιος

Phatwe

Αύγουστος

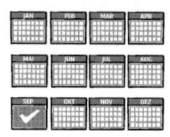

Lwetse

Σεπτέμβριος

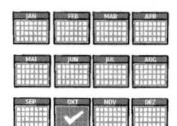

Diphalane

Οκτώβριος

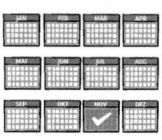

Ngwanaatsele

Νοέμβριος

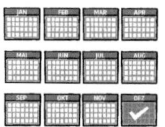

Sedimonthole

Δεκέμβριος

kgolokwe

κύκλος

khutlonne

τετράγωνο

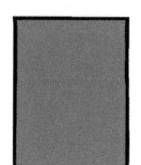

khutlonnetsepa

ορθογώνιο
παραλληλόγραμμο

khutlotharo

τρίγωνο

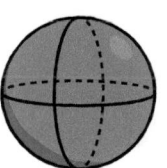

khutlo

σφαίρα

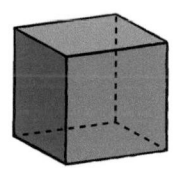

khiubu

κύβος

tshweu

άσπρο

serolwana

κίτρινο

mmala wa namune

πορτοκαλί

pinki

ροζ

khibidu

κόκκινο

bohibidu jo bo mokgona

μωβ

pududu

μπλε

tala

πράσινο

tshetlha

καφέ

tshetlha

γκρι

ntsho

μαύρο

go le gontsi / go nnye

πολύ / λίγο

go kwata / go ritibala

θυμωμένος / ήρεμος

montle / maswe

όμορφος / άσχημος

tshimologo / bofelo

αρχή / τέλος

tonna / nnyane

μεγάλος / μικρός

lesedi / lefifi

φωτεινός / σκοτεινός

abuti / ausi

αδελφός / αδελφή

phepa / leswe

καθαρός / λερωμένος

feletse / go sa felela

πλήρης / ατελής

motshegare / bosigo

ημέρα / νύχτα

o sule / o a tshela

νεκρός / ζωντανός

bophara / tshesane

φαρδύς / στενός

ya jega / ga e jege

βρώσιμος / μη βρώσιμος

bosula / molemo

κακός / ευγενικός

go itumela thata / go se itumele

ενθουσιασμένος / βαριεστημένος

nonne / tshesane

παχύς / λεπτός

ntlha / bofelo

πρώτος / τελευταίος

tsala / sera

φίλος / εχθρός

tletse / lolea

γεμάτος / άδειος

thata / bonolo

σκληρός / μαλακός

bokete / motlhofo

βαρύς / ελαφρύς

tlala / lenyora

πείνα / δίψα

lwala / itekanetse

άρρωστος / υγιής

dumelesega / dumeletswe

παράνομος / νόμιμος

botlhale / sematla

έξυπνος / χαζός

molema / moja

αριστερός / δεξιός

gaufi / kgakala

κοντινός / μακρινός

sesha / ya kgale

καινούριος / μεταχειρισμένος

sepe / sengwe

τίποτα / κάτι

mogolo / mosha

γέρος | νέος

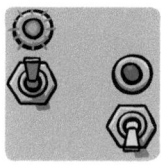

tsenya / tima

αναμμένος / σβηστός

bula / tswetswe

ανοιχτός / κλειστός

tidimalo / modumo

χαμηλόφωνος / μεγαλόφωνος

khumo / lehuma

πλούσιος / φτωχός

siame / phoso

σωστός / λανθασμένος

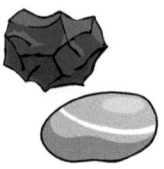

ditlhotlhori / borethe

τραχύς / λείος

hutsafetse / itumetse

λυπημένος / χαρούμενος

khutshwane / telele

κοντός / μακρύς

bonya / bonako

αργός / γρήγορος

metsi / omile

υγρός / στεγνός

mololo / tsididi

ζεστός / δροσερός

ntwa / kagiso

πόλεμος / ειρήνη

0

lefela

μηδέν

1

nngwe

ένα

2

pedi

δύο

3

tharo

τρία

4

nne

τέσσερα

5

tlhano

πέντε

6

thataro

έξι

7

supa

εφτά

8

robedi

οκτώ

9

robonngwe

εννιά

10

lesome

δέκα

11

some nngwe

έντεκα

12

some pedi

δώδεκα

13

some tharo

δεκατρία

14

some nne

δεκατέσσερα

15

some tlhano

δεκαπέντε

16

some thataro

δεκαέξι

17

some supa

δεκαεφτά

18

some robedi

δεκαοκτώ

19

some robonngwe

δεκαεννέα

20

masomamabedi

είκοσι

100

lekgolo

εκατό

1.000

sekete

χίλια

1.000.000

milione

εκατομμύριο

Sejatlhapi

Αγγλικά

Sejatlhapi sa Amerika

Αμερικάνικα Αγγλικά

se-China

Μανδαρίνικα Κινέζικα

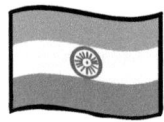

se-Hindi

Χίντι

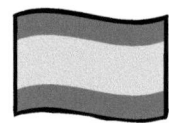

se-Spanish

Ισπανικά

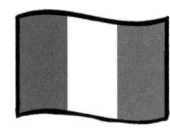

se-For a

Γαλλικά

se-Araba

Αραβικά

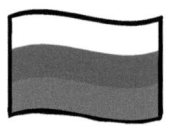

se-Russia

Ρώσικα

se-Potokisi

Πορτογαλικά

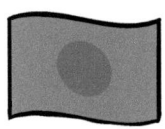

se-Bengali

Μπενγκάλι

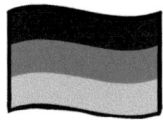

se-Jeremane

Γερμανικά

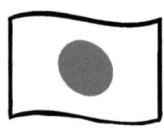

se-Japane

Ιαπωνικά

Nna

εγώ

wena

εσύ

ene / ene / sone

αυτός / αυτή / αυτό

re

εμείς

wena

εσείς

bone

αυτοί / αυτές / αυτά

mang?

ποιος / ποια / ποιο;

eng?

τι;

jang?

πώς;

kae?

πού;

leng?

πότε;

leina

όνομα

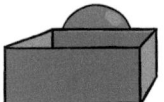

mo morago

πίσω

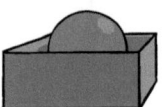

mo

μέσα

fa pele ga

μπροστά

godimo

πάνω από

mo

πάνω

fa tlase

κάτω

mo thoko

δίπλα

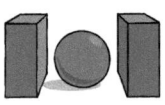

magareng

ανάμεσα

lefelo

μέρος